영원한 어린이의 친구

안데르센

34 청소년평전

영원한 어린이의 친구

안데르센

박형숙 지음

이룸

| 차 례 |

오덴세의 미운 오리 새끼

학교에서 집으로 돌아오는 길이었다. 한스는 늘 그랬던 것처럼 눈을 반쯤 감은 채 걷고 있었다. 그의 머릿속에 이 세상의 아름다운 존재들이 다채롭게 등장하는 그림이 펼쳐지고 있었다. 눈꺼풀 위로 햇살이 어른거린다. 작고 귀여운 요정들이 나타나 춤을 춘다. 그는 요정들을 자세히 보려고 눈을 더 가늘게 떠 보았다.

"한스 크리스티안!"

멀리서 누군가 부르는 소리가 들려왔다. 숨이 찬 듯 헐떡거리는 목소리였다. 뜀박질하는 소리가 가까워졌다. 그 소리는 점점 더 다가오더니 이윽고 한스의 등 뒤에서 멈췄다.

"같이 가."

목소리의 주인공은 사라였다. 그 애는 한스가 전학을 온 뒤 가까이 지내는 두 살 위의 여자친구였다. 사라는 가쁜 숨을 크게 한 번 내쉬었다. 그리고는 한스의 옆에 나란히 서서 걷기 시작했다. 사라의 얼굴에서 달콤한 냄새가 났다. 한스는 얼굴을 붉혔다. 며칠 전의 일이 떠오른 것이다.

"이다음에 너랑 결혼하고 싶어."

사라는 그렇게 말하며 입을 맞추었다. 입맞춤을 한 여자친구는 사라가 처음이었다. 또 사라 이외에 아무도 없었다.

"어때? 학교생활 재밌니?"

사라가 물었다.

"뭐, 그저 그래."

한스는 시큰둥하게 대답했다. 사라는 이상하다는 듯이 그를 바라보았다.

"왜 그저 그래? 난 수학을 배우는 게 좋은데."

"넌 수학이 좋아?"

한스는 한 번도 그렇게 생각해 본 적이 없었다. 읽기나 쓰기 그리고 산수 같은 것들은 어쩐 일인지 집중이 잘 되지 않았다. 그 중에서 특히 수학은 한스가 제일 못하는 과목이었다. 그런데 사라는 수학을 배우는 게 좋다고 말하는 것이다.

"응."

사라는 고개를 끄덕이고 나서 말했다.

"엄마가 수학을 잘하면 큰 정원에서 젖을 짜는 일거리를 얻을 수도 있다고 했거든."

사라의 얼굴이 발그레해졌다. 미래에 대한 꿈에 부푼 것이다. 뺨에 붉은 빛이 돌자 사라의 앳된 얼굴은 한층 더 예뻐 보였다.

마을 아이들은 누더기를 걸친 채 하루 종일 뛰어놀곤 했다. 아이들은 춥고 배가 고파서 몹시 허기진 얼굴로 골목과 광장을 누비고 다녔다. 폐허가 된 건물더미를 뒤지거나 막대기로 도랑을 쑤시고 다니는 것이 아이들이 하는 놀이의 전부였다. 그러다가 어른이 되면 그들 대부분은 수선공이나 공장 노동자가 되었다.

한스는 사라의 얼굴을 바라보았다.

'말도 안 돼. 저렇게 예쁜 사라가……'

안타까움에 움츠러들던 한스의 눈빛이 한 순간 반짝 빛났다.

"사라야."

"으응, 왜?"

한스는 뜸을 들이더니 한참 만에 말했다.

"내가 백작이 되면 내 성에서 일하게 해 줄게."

"피이."

사라는 코웃음을 쳤다.

"가난한 꼬마 주제에 어떻게 백작이 된단 말이야?"

한스는 사라의 팔을 잡아끌었다.

"잠깐, 이리 와 봐."

한스는 오래된 나무 아래로 걸어갔다. 사라는 미심쩍은 눈길을 보내며 한스의 뒤를 따랐다. 나무 아래 쭈그리고 앉은 한스는 부러진 나뭇가지 하나를 주워들고 바닥에 그림을 그리기 시작했다. 이윽고 한스가 말했다.

"이게 바로 내 성이야."

사라는 반신반의하는 표정으로 땅바닥을 바라보았다. 바닥에는 첨탑이 여러 개 솟아 있는 웅장한 성이 그려져 있었다.

"쉬!"

한스는 목소리를 한껏 낮추며 사라의 귓가에 속삭였다.

"이건 비밀인데, 너한테만 알려 줄게. 난 태어날 때 가난한 집 아이와 실수로 뒤바뀌었어. 그러니까 난 구두 수선공의 아들이 아니라 귀족의 아들이야."

"그걸 어떻게 알았어?"

사라는 믿지 않았다. 호기심 때문에 그렇게 물었을 뿐이었다.

"천사들이 말해 줬어. 하나님이 아무도 모르게 천사들을 살짝 보내왔거든. 그래서 알게 되었지."

한스는 사라의 마음을 사로잡기 위해 눈을 동그랗게 뜨고 바라보았다. 할머니를 따라가 보았던 정신병원의 할머니들이 떠올랐다. 물레질을 하던 할머니들은 한스가 하는 이야기에 귀를 기울였고 똑똑하다고 칭찬하기도 했다.

'자, 내 말을 믿어주렴.'

한스는 초조한 심정으로 사라를 바라보았다.

"바보!"

사라는 자리에서 일어나며 소리쳤다. 그리고는 때마침 뒤따라오는 몇몇 아이들에게로 뛰어가고 말았다.

"쟤도 자기 할아버지처럼 바본가 봐."

사라가 큰소리로 이렇게 말하는 것이 한스의 귀에 똑똑히 들렸다. 그는 몸서리를 치며 자리에서 일어났다.

'사라에게 잘 보이고 싶었는데, 그러고 싶었는데. 사라도 날 바보로 여기는구나. 할아버지처럼 정신이 나간 사람으로, 미친 사람으로 여기는구나.'

그날 이후 한스는 사라에게 한마디 말도 하지 않았다. 유일한 친구로 여겼던 사라를 한스는 더 이상 믿지 않았으며 그렇게 사라와 멀어졌다. 그리고 자기만의 공상의 세계에 더 깊이 빠져들었다.

자기만의 공상에 빠져 아름다운 성, 왕과 왕비, 꽃과 나무와 요정들과 함께하는 환상에 잠기곤 했던 한스, 그러나 할아버지를 닮아 자신도 미친 것이 아닐까 두려워하던 한스, 그가 바로 훗날 아

름답고 환상적인 동화를 써서 세계의 어린이들에게 꿈과 희망과 용기를 심어주던 한스 크리스티안 안데르센이었다.

안데르센은 1805년 4월 2일 새벽 한 시, 덴마크 오덴세의 궁핍한 마을에서 태어났다. 오덴세는 덴마크의 수도 코펜하겐의 남동쪽 퓐섬에 있는 항구 도시였다. 겉으로 보면 시골 마을 같았지만 덴마크에서 두 번째로 큰 도시였다. 오덴세에는 요새, 감옥, 황실의 여름 저택으로 쓰이는 성, 그리고 극장이 있었다. 덴마크에서 극장이 있는 곳은 수도 코펜하겐과 오덴세 뿐이었다.

시내 중심가에는 부유한 자본가나 고급 관리, 장교들이 살았다. 그 주변에는 노동자와 실업자들이 빈곤에 허덕이며 살아가고 있었다. 오덴세는 아직 산업화가 되지 않았다. 그래서 구불구불한 골목, 강가의 오래된 버드나무들, 노란색의 목조 오두막들, 마을 주변의 푸른 목초지 등 때 묻지 않은 시골의 모습을 그대로 간직한 곳이 많았다.

안데르센의 아버지는 구두 수선공이었다. 그리고 어머니는 빨래 빠는 일을 하고 있었다. 아버지가 스물두 살, 어머니가 서른 살로 안데르센의 어머니가 아버지보다 여덟 살이나 많았다. 두 사람은 아이를 낳기 두 달 전에 결혼식을 올렸고, 결혼식을 치르기 한 달 전에 약혼을 했다.

안데르센은 태어난 첫 날 부모님의 신혼 침대에 뉘어졌다. 어느 귀족의 관을 뜯어서 만든 그 침대에는 검은 천 장식이 달려 있었다. 그것이 무서워서 아기는 하루 종일 울었다. 아버지는 울어대는 갓난아기 곁에서 하루 종일 큰 소리로 홀베르의 시를 낭독했다.

"잠을 잘래, 아니면 조용히 들을래?"

아버지는 홀베르의 시구인 "주무시렵니까? 아니면 조용히 귀를 기울이시렵니까?"를 빗대어 농담을 한 것이었다. 그러나 아기는 계속 울기만 했다. 2주 후 교회에서 세례를 받을 때였다. 여전히 아기는 울어대고 있었다. 아기의 울음소리 때문에 세례 의식을 진행하는 교구 목사의 목소리가 들리지 않을 정도였다. 결국 목사는 투덜거렸다.

"괭이 새끼 같으니라구. 무슨 갓난아이가 이렇게 빽빽거리고 운담."

"아기 때 큰 소리로 많이 우는 걸 보니 나중에 커서 아름다운 목소리로 노래를 부를 겁니다."

이렇게 말한 사람은 고마르 씨였다. 그는 프랑스에서 온 이민자였고 아기의 대부였다. 고마르 씨의 말은 풀이 죽어 있던 안데르센의 어머니에게 큰 위로가 되었다. 훗날 고마르 씨의 예언은 실현되었다. 아름다운 목소리를 갖고 있던 안데르센이 제일 먼저 인정받은 재능은 바로 '노래'였던 것이다.

안데르센이 두 살 되던 해, 그의 가족은 시내 몽크밀 가에 자리를 잡았다. 그곳은 가난한 동네였다. 안데르센의 집은 세 칸짜리 오두막으로 ㄴ 자형의 방 하나가 전부였다. 게다가 방은 구두 만드는 작업대와 침대 그리고 아기 침대만으로도 꽉 찰 만큼 작았다.

그러나 안데르센은 그 안에서 온갖 상상을 펼칠 수 있었다. 벽에는 그림이 걸려 있었다. 작업대 위에는 책을 꽂아 두는 작은 장이 붙어 있었다. 좁은 부엌에는 양철 냄비와 반짝이는 접시가 가득했다. 사다리를 타고 올라가면 다락이 나왔고 거기를 통해 나가면 지붕 위였다. 그곳은 안데르센의 놀이터이자 공상의 터전이었다.

상상력이 풍부한 아이들에게 흔히 그렇듯이 안데르센에게 작은 방은 실제보다 훨씬 더 크게 느껴졌다. 벽에 걸린 그림 한 점만으로도 안데르센의 공상 속에서는 오두막 전체가 멋진 화랑으로 변신하곤 했다. 그리고 그것들은 훗날 안데르센 동화의 배경이며 소재가 되었다.

안데르센 가족은 가난했다. 먹고 살기가 몹시 어려울 때면 그의 어머니는 이따금 빈 바구니를 옆에 끼고 구걸을 하러 가기도 했다. 그나마 다행인 것은 아이가 안데르센 하나밖에 없다는 사실이었다.

"내 어릴 때에 비하면 너는 얼마나 행복한지 몰라."

어느 날 어머니가 이렇게 말했다.

"왜요?"

안데르센이 묻자 어머니가 말했다.

"엄만 어릴 때 거지처럼 동냥을 하러 다녔거든. 한번은 동냥질이 너무 하기 싫어 다리 밑에서 하루 종일 운 적도 있단다."

어머니 안네 마리는 무척 가난하게 자랐다. 안네 마리의 어머니에게는 아버지가 각기 다른 사생아 딸이 셋 있었다. 그 중 장녀가 안네 마리였고 셋째 딸은 갓난아이일 때 죽었으며 둘째였던 크리스티안네는 가난을 견디다 못해 코펜하겐에 창녀촌을 차렸다. 그 일로 안네 마리는 크리스티안네와 연락을 끊고 살았다.

그러나 안네 마리의 결혼 생활 또한 순탄치 못했다. 첫 남편 로센빙에는 이미 사생아를 서너 명이나 두고 있었다. 안네 마리와 로센빙에는 딸 카렌 마리를 낳았다. 아버지가 다른 누이 카렌 마리는 안데르센에게 지워지지 않는 상처로 남았다. 카렌 마리는 외할머니랑 살았기 때문에 안데르센과는 마주치지 않았다. 그런데도 카렌 마리와 마주칠까 봐 그는 늘 두려워했다.

안데르센의 어머니 안네 마리는 당연히 배우지 못했다. 그녀는 글 읽기를 싫어했고 이름조차 제대로 쓰지 못했다. 그리고 시골 사람답게 술을 입에 달고 살았다. 그러나 다른 한편으로 그녀는 부지런하고 생활력이 강했다. 늘 방을 깔끔하게 정리했고 기꺼이 고된 노동을 했다. 먹고살기가 어려울 때면 구걸도 마다하지 않았다. 때로 다른 집 아이를 맡아 기르기도 했다.

안네 마리는 하나밖에 없는 아들 안데르센을 몹시 아꼈다. 안데르센이 다섯 살의 나이로 학교에 가게 되었을 때 그녀는 학교에 가서 자기 아들은 다른 집 아이들과 다르니 절대 때리는 일이 있어서는 안 된다고 못을 박았다. 그런데 어느 날 안데르센이 매를 맞고 돌아온 일이 생겼다. 그러자 안네 마리는 당장 학교를 찾아가 그날로 학교를 그만두게 했다. 이런 일화에서 알 수 있듯이 안데르센에 대한 안네 마리의 사랑은 무조건적이고 헌신적이었다.

안데르센의 아버지는 지적이고 학구적인 사람이었다. 그리고 할아버지를 닮아 공상적인 기질도 가지고 있었다. 그런데도 구두 수선공이 된 까닭은 집안이 어려웠기 때문이었다. 할아버지가 정신이 이상해진 이후 오덴세로 이주하자 집안은 더욱 궁핍해졌다. 생계를 위해서 안데르센의 아버지는 구두 수선공으로 나섰지만 그가 정말로 하고 싶었던 것은 공부였다. 그는 진정으로 학자가 되고 싶었다.

어느 날, 문법학교 학생이 방문했다. 새 구두를 맞추려고 안데르센의 아버지를 찾아온 것이다. 그 학생은 집 안으로 들어서자마자 책을 보여 주며 학교에서 배운 걸 자랑했다. 별 뜻도 없이 무심코

했던 자랑이었다. 잠시 후 학생이 돌아가고 나서 아버지는 안데르센을 으스러져라 껴안았다.

"나도 학교에 갔어야 했는데!"

이렇게 말하며 안데르센의 아버지는 눈물을 흘렸다. 한 번 두 뺨에 흐르기 시작한 눈물은 한동안 하염없이 흘렀다. 그리고는 침울한 표정이 되어 그날 저녁 아무 말도 하지 않았다. 이런 모습은 안데르센으로서는 뜻밖이었다. 안데르센은 그날 처음 아버지에 대해 다시 생각했다. 아버지에게도 꿈이 있었다는 것, 또한 살아가기 위해 꿈을 포기했다는 것. 그런 사실들이 어렴풋이 느껴졌다.

'구두 수선공 일만으로는 아버지가 행복하지 않은 거야.'

안데르센은 마음속으로 이렇게 생각했다.

안데르센의 아버지는 좀 특이한 사람이었다. 그는 말이 없었고 주변 사람들과 어울리지도 않았다. 심지어는 어머니하고도 대화를 나누지 않았다. 그는 가만히 앉아 있거나 생각에 깊이 잠겨 있곤 했다. 그가 즐겨 하는 일이라고는 역사책과 성경을 읽으며 시간을 보내는 것이었다.

그의 유일한 낙은 아들 안데르센과 함께 있는 일이었다. 그는 안데르센이 원하는 일이라면 무엇이든지 잘 들어 주었다. 밤이 되면 희곡과 《라퐁텐의 우화》, 《아라비안나이트》 등을 즐겨 읽어 주었고 일요일이면 만화경을 만들어 주거나, 인형을 만들어 인형극을 펼

처 보였다. 덕분에 안데르센은 어릴 때부터 이야기나 연극 놀이 속에 파묻혀 지낼 수 있었다. 아버지가 읽으라고 집에 둔 책들을 안데르센은 읽고 또 읽었다.

안데르센의 아버지는 어머니에 비해 생각이 거침없고 자유로웠다. 어느 날, 아버지는 성경을 덮으며 말했다. "예수도 우리와 같은 인간이었어. 하지만 아주 특별한 인간!" 또 어느 날인가는 "악마는 다른 데 있는 게 아니야. 오직 우리 마음속에 존재할 뿐이지"라고 말하기도 했다. 어머니는 이런 말을 들을 때마다 온몸을 떨다가 울음을 터뜨리곤 했다. 왜냐하면 그녀는 맹목적인 신앙을 가지고 있었기 때문이었다. 그녀는 아버지가 하는 생각은 신성모독이며 생각만으로도 천벌을 받는다고 철썩같이 믿고 있었다.

안데르센의 아버지는 지나치게 자존심이 강했다. 귀부인의 구두 만드는 일로 한 번 자존심이 몹시 상한 안데르센의 아버지는 우울한 무력감에서 오랫동안 벗어나지 못했다. 그러한 기질은 안데르센의 할아버지를 닮기도 했다.

할아버지는 원래 가난한 소작인이었다. 그는 가난했기 때문에 뭍에서 여러 가지 일을 했다. 소규모로 농사를 짓기도 했지만 주로 노동자로 일했고 여행자들의 신발 만드는 일도 했다. 그러다가

1781년에 안데르센의 할머니인 안네와 결혼해서 1782년에 안데르센의 아버지 한스 안데르센을 낳았다.

할아버지는 건실한 농부였지만 넉넉한 살림은 아니었다. 게다가 어느 해인가 가축이 죽고 불이 나고 집이 타 버리는 일들을 연이어 겪은 뒤 정신이 이상해졌다. 그 후 할아버지는 오덴세로 이주했는데 그런 뒤에는 할머니가 무슨 일이든 해야 했다. 생계를 위해 할머니는 요양원에서 일을 하게 되었다. 그곳은 정신병자와 노인을 위한 요양원이었는데 할머니는 거기에서 정원의 허드렛일을 했다.

할아버지는 불가사의한 존재였다. 안데르센에게는 두렵고 무서운 존재이기도 했다. 안데르센은 종종 할아버지가 앉아서 나무로 야수 머리를 한 사람이나 날개를 단 괴물 같은 기괴한 조각을 만드는 모습을 지켜보곤 했다. 그렇게 만든 이상한 장난감들을 바구니 가득 담아서는 아이들과 아낙네들에게 나누어 주었기 때문에 농부들은 할아버지를 좋아했다. 때로 할아버지는 숲으로 들어가 들꽃과 잔가지들로 만든 화관을 머리에 쓰고 나와서는 목청껏 노래를 부르며 다녔다.

"미치광이!"

"머리가 돌았대."

어느 날 안데르센은 동네 꼬마들이 할아버지 뒤를 따라다니며 질러대는 소리를 들었다. 너무나 무섭고 창피해서 얼른 몸을 숨겼다. 그때 그는 콩당콩당 뛰는 가슴으로 생각했다.

'할아버지의 피가 내 몸 안에도 흐르고 있을 거야.'

언젠가 할아버지가 딱 한 번 안데르센을 부른 적이 있었다. 할아버지는 안데르센을 향해 "당신"이라고 했다. 그것은 손자를 부르기엔 정말 어울리지 않는 호칭이었다. 안데르센은 그 때 온몸이 오싹했다. 그 후로도 안데르센이 우울하고 비관적인 생각에 깊이 빠질 때 떠오르는 사람은 바로 할아버지였다. 안데르센은 종종 사라가 말한 것처럼 자신이 할아버지를 닮아 미친 게 아닐까 하는 생각에 빠져들었다.

할머니는 부드럽고 자상했다. 그녀는 매일 같이 몽크밀 가의 안데르센 집으로 찾아왔다. 할머니 손에는 요양원에서 딴 꽃이 한 아름 안겨 있었다. 안데르센은 그런 할머니를 좋아했다. 그리고 그녀가 들려주는 이야기도 좋아했다. 할머니는 자신의 외할머니가 독일 북부의 카셀 지방에서 귀족의 딸로 자랐고, 어느 배우와 사랑에 빠져 도피하는 바람에 모든 것을 잃고 말았다고 이야기하곤 했다.

그러나 그것은 사실이 아니었다. 할머니가 했던 이야기는 단지 꾸며내기 좋아하는 그녀의 몽상일 뿐이었다. 실제 그녀의 할머니는 일찍이 남편을 잃고 여덟 명의 아이와 살아간 가난한 덴마크 여자였다. 비록 거짓말이었을지라도 할머니의 이야기는 재미있었다.

안데르센은 그 이야기를 그대로 믿고 싶었다.

할머니는 종종 안데르센을 요양원에 데리고 갔다. 그는 그 안에서 기분 좋은 흙냄새를 맡으며 나뭇잎 더미 위에 누워서 놀곤 했다. 그러고 있노라면 환자들이 정원을 산책하는 모습을 볼 수 있었다. 안데르센은 걷잡을 수 없는 호기심 속에서 그들이 하는 이야기에 귀를 기울였다.

한번은 큰마음을 먹고 환자들 시중을 드는 사람들을 몰래 따라간 일이 있었다. 긴 복도를 지나가는데 앞서 가던 사람들이 어느 틈에 다 사라져 버렸다. 안데르센은 혼자 남았다. 무서웠다. 한편으로는 짜릿하기도 했다. 그때 어디선가 아름다운 목소리로 노래하는 소리가 들려왔다. 안데르센은 그 방으로 다가갔다. 바닥에 엎드려 음식을 줄 때 쓰는 작은 문으로 안을 훔쳐보았다. 머리카락이 어깨까지 치렁치렁한 여자가 벌거벗은 채 밀짚 침대에 누워 노래를 부르고 있었다. 그런데 갑자기 여자가 벌떡 일어났다. 여자는 곧장 문으로 돌진해 왔다. 문이 벌컥 열리더니 긴 손이 안데르센을 노리고 뻗쳐 왔다. 여자의 손가락이 옷깃에 스치는 것을 느끼며 안데르센은 비명을 질렀다. 사람들이 왔을 때 안데르센은 반쯤 넋이 나가 있었다.

그런 일이 있고 난 뒤 안데르센은 주로 물레질을 하는 방에 머물러 있곤 했다. 그 방에는 가난하고 늙은 할머니들이 물레질을 하고 있었다. 할머니들은 무료함을 달래기 위해 끝없이 이야기를 늘어놓았다. 오덴세 강의 깊고 아름다운 물속의 정령이라든가, 마녀나 공주 그리고 병사 같은 북유럽 민담의 주인공들이 등장하는 이야기였다. 마치 《천일야화》의 끝없는 세계가 펼쳐지는 것 같았다. 안데르센은 황홀했다. 그러나 그 이야기들이 너무나 생생했기 때문에 안데르센은 한동안 해가 진 후에는 집 밖으로 나갈 수가 없었다. 부모님의 침대에 누워 안데르센은 눈을 뜬 채 꿈을 꾸곤 했다. 그는 한동안 깨어 있는 듯 잠을 잤고, 잠을 자는 듯 깨어 있었다.

그 이야기들은 훗날 안데르센이 동화를 쓰는 원천이 되었다. 그 무렵 독일에서는 그림 형제가 시골로 전래 민담을 채집하러 다니고 있었다. 그런데 어린 안데르센은 요양원의 할머니들로부터 구전되어 오는 이야기들을 자연스럽게 듣고 있었던 것이다.

어린 시절의 안데르센은 가난했지만 특별히 불행하지는 않았다. 오히려 부모의 넘치는 사랑 속에 행복한 생활을 했다. 그러나 그의 행복은 보통 아이들이 맛보는 행복과는 달랐다. 안데르센은 자신을 특별하다고 생각했다. 다른 아이들은 나무를 기어오른다거나 스케이트를 탄다거나 공놀이를 하면서 즐겼지만 그런 놀이는 안데르센에게 흥미를 주지 못했다. 그는 고독과 사색을 즐겼다.

어쩌면 그는 오덴세의 작은 마을에 태어난 미운 오리 새끼였는지도 모른다. 안데르센은 황갈색 머리카락을 가지고 있었는데 팔다리가 길고 얼굴이 못생겼다. 게다가 하는 짓은 여자아이 같았다. 기다란 줄기에 산딸기를 꿰어 가지고 다니거나 꽃다발을 만들고 인형 놀이를 즐겼다. 어머니 앞치마를 차양 삼아 그 밑에 앉아 햇볕에 일렁이는 나뭇잎 사이를 한없이 쳐다보고 있기도 했다. 그리고 대부분의 시간을 공상으로 보냈다.

안데르센은 확실히 다른 아이들과 달랐다. 조금은 이상한 외모와 계집아이 같은 섬세한 기질, 몽상가적 성격 등은 사람들에게 눈에 띌 만한 특징이었다. 그의 앞날에는 더 많은 시련과 몰이해와 고통이 놓여 있었다. 그러나 그러한 시련과 고통 속에는 훗날 찬란하게 펼쳐질 백조의 날개가 숨어 있었다.

배우를 꿈꾸다

19세기 초 유럽에는 나폴레옹 전쟁의 광풍이 불고 있었다. 프랑스 혁명의 방위전 성격을 갖고 있는 나폴레옹 전쟁은 점차 유럽의 다른 나라에 대한 침략적인 성격을 띠게 되었다. 이러한 침략에 맞서 영국을 중심으로 나폴레옹에 항전하는 대프랑스 동맹이 결성되었다.

1807년 덴마크는 프랑스의 동맹군으로 나폴레옹 전쟁에 참가했다. 그러나 그해 9월 영국 해군의 포격을 받아 코펜하겐이 쑥대밭이 되자 결국 덴마크는 항복했다. 이 일로 덴마크의 상업은 큰 타격을 받았다. 주요 무역로가 덴마크에서 발트해와 북해 사이의 통로로 바뀐 것이다. 게다가 패전 후에도 프레데리크 6세가 나폴레옹을 지원하는데 많은 국가재정을 써 버리자 덴마크의 경제는 점점 더 나락으로 곤두박질쳤다. 급기야 덴마크 정부는 1813년에 파산하고 말았다.

전쟁이 일어나자 안데르센의 아버지는 잠도 자지 않고 숲 속을 배회했다. 그는 독일 전쟁에 대한 신문 기사를 읽고 온종일 그 생각에만 빠져 지냈다. 나폴레옹은 아버지의 영웅이었다. 무명의 처지에서 일약 모든 젊은이의 우상이 된 나폴레옹, 그는 아버지가 잃어버린 꿈의 대변인이었다. 아버지는 '영웅'이라는 허상에 사로잡혔고 머릿속은 전쟁에 대한 환상으로 가득 차 버렸다.

1812년 봄, 아버지는 드디어 자원입대를 했다. 부농의 아들 대신 돈을 받고 입대한 것이다. 그러나 아버지의 모험은 한낱 웃음거리가 되고 말았다. 곧 평화조약이 발표되었기 때문에 전투에는 참여하지도 못한 채 집으로 되돌아온 것이다. 전쟁 체험 대신에 그가 얻은 것은 군대에서 행해졌던 가혹한 체벌의 후유증이었다. 안데르센의 아버지는 군대에서 돌아온 후 2년 동안 병상에서 일어나지 못했다. 그리고 안데르센이 열한 살 되던 해에 마침내 정신착란을 일으켰다.

"가야 해!"

어느 날 안데르센의 아버지는 극도의 흥분 상태에서 이렇게 소리쳤다.

"어딜 말이에요?"

곁에 있던 안데르센의 어머니가 물었다.

"나폴레옹, 나폴레옹이 나한테 군대를 지휘하라고 했어."

두 눈을 번득이면서 광기를 보이는 남편을 지켜보는 안데르센 어머니의 얼굴에 두려움과 절망감이 스쳐 지나갔다.

"안 되겠다. 네가 심부름 좀 다녀와야겠어."

어머니는 안데르센을 오덴세에서 멀리 떨어진 점쟁이 여자 집으로 보냈다. 점쟁이 여자는 안데르센에게 이런저런 질문을 하고 난 뒤 털실로 안데르센의 팔 길이를 재고, 이상한 부적을 만들고, 초록색 나뭇가지를 그의 가슴에 얹었다. 그리고는 주문을 외웠다.

"이제 가거라. 집을 향해, 강가로……. 만일 네 아버지가 이번에 죽을 운명이라면, 지금 네 앞에 아버지의 유령이 나타날 거야."

겁을 잔뜩 집어먹은 안데르센은 흥분과 공포에 잔뜩 질린 채 강둑길을 따라 간신히 집으로 달려왔다. 집으로 오는 동안 안데르센은 아무것도 보지 못했다.

'아버지는 아직 죽을 운명이 아닌가 보다.'

이렇게 생각하며 안데르센은 안도의 한숨을 내쉬었다. 그러나 사흘 뒤 아버지는 돌아가셨다.

"아버지는 얼음 요정이 데려갔단다."

어머니가 이렇게 말했다. 언젠가 아버지는 죽는 것을 '얼음 요정이 데리러 온다'고 표현한 적이 있었다. 그 말을 떠올리며 안데르센은 아버지의 죽음을 실감했다. 안데르센이 고작 열한 살이 되던 해였다.

아버지가 세상을 뜬 뒤 안데르센은 완전히 외톨이가 되었다. 이제는 책을 읽어 주는 사람도, 이야기를 들려주는 사람도, 인형극을 보여 주는 사람도 없었다. 안데르센은 혼자서 연극을 하고 인형 옷을 만들고 희곡을 읽었다.

안데르센의 가족은 점점 더 가난해졌다. 어머니는 온갖 종류의 일을 해야 했다. 약초를 뜯거나 성에서 부엌일을 도왔고 대부분은 저택 사람들의 옷을 빨았다. 추운 겨울날 무릎까지 오는 얼음물에 대여섯 시간씩 발을 담그고 빨래하는 일은 무척 고통스러웠다. 안데르센은 어머니가 가여웠다.

안데르센도 결국 다른 아이처럼 공장에 가야 했다. 할머니 손을 잡고 처음 갔던 공장은 옷을 만드는 곳이었다. 거기에는 독일인 숙련공이 많았다. 그들은 떠들썩하게 노래를 부르거나 시시한 우스갯소리를 떠들어대거나 음담패설을 하며 낄낄거렸다. 안데르센은 하나도 알아들을 수가 없었다. 그런 쪽으로는 흥미조차 느끼지 않았다.

공장 사람들은 첫날 안데르센이 아름다운 목소리를 가지고 있다는 사실을 알게 되었다. 안데르센이 노래를 부르기 시작하면 사람들은 공장 기계를 멈추고 귀를 기울였다. 안데르센은 몇 번이고 노래를 불렀다. 그러는 동안 안데르센이 해야 할 몫의 일은 다른 아이들이 대신했다.

그러던 어느 날이었다. 숙련공 하나가 불쑥, "얘는 여자야. 남자가 아니라 여자라구" 하고 말하더니 안데르센을 꽉 잡고 놔주지 않았다. 안데르센은 울면서 비명을 질렀다. 그러나 다른 사람들까지 달려들어 팔과 다리를 옴짝달싹 못하게 붙들었다. 안데르센은 더 큰 소리로 비명을 질렀다. 참을 수 없는 부끄러움을 느낀 안데르센은 필사적으로 그 자리를 빠져나왔다. 집으로 돌아가는 길에 안데르센은 문득 자신이 정말로 여자가 아닐까, 하고 생각했다. 안데르센은 다시는 그 공장에 가지 않았다.

두 번째로 안데르센은 담배 공장에서 일했다. 그곳에서도 안데르센의 노래는 곧 유명해졌다. 안데르센은 그 자리에서 즉흥적으로 가사와 곡조를 만들어 불렀고, 사람들은 곧 그가 무대에 서야 한다고 생각하게 되었다. 그런데 몇 주 후, 안데르센의 어머니가 그를 집으로 데려왔다. 담배가 건강에 좋지 않다는 이야기를 들었기 때문이었다.

안데르센이 열세 살 되던 해 7월에 어머니가 재혼을 했다. 새 아버지는 젊은 수공업자였다. 엄한 사람이었지만 안데르센에게는 무심하게 대했다. 안데르센은 여전히 인형극을 하면서 시간을 보냈다. 밝은 색깔 천 조각을 모아서 자르기도 하고 바느질로 이어 붙이기도 하면서 안데르센은 작은 행복에 몰두했다. 어느 날 어머니가 말했다.

"넌 천 만지는 것을 좋아하니까 재단사가 되는 게 어떻겠니?"

그러나 안데르센의 꿈은 재단사가 아니었다.

"싫어요. 전 배우가 될 거예요."

"배우라고?"

어머니는 어이가 없다는 표정을 지었다. 어머니가 알고 있는 배우라고는 줄타기를 하거나 장바닥을 떠돌아다니는 광대였을 뿐이었다.

"모르는 소리 마. 배우란 게 얼마나 고달픈 직업인 줄 아니? 채찍으로 두들겨 맞는가 하면 말을 잘 듣게 하려고 밥도 안 줘. 게다가 말이야. 몸이 엿가락처럼 부들부들 잘 휘어지라고 기름을 먹이기까지 한단 말이야."

안데르센은 어머니의 완강한 반대에 부딪쳐 아무 말도 할 수 없었다.

"재단사 디크만 씨를 보렴. 그가 얼마나 잘 사는지! 그 사람이

사는 집 창문들이 얼마나 큰지 너도 보았잖니! 자기 아래의 숙련공
은 또 얼마나 많이 데리고 있고. 넌 재단사가 되어야 해. 암, 그렇
고말고."

안데르센은 어머니의 완강한 고집이 쉽게 꺾이지 않으리라고 짐
작했다. 그러나 배우에 대한 안데르센 자신의 소망 또한 절대로 꺾
이지 않으리라는 것을 너무나 잘 알고 있었다.

배우를 향한 안데르센의 꿈은 일곱 살 때 시작되었다. 어느 날
어머니는 안데르센을 멋지게 차려입혔다. 아버지가 입던 옷을 줄
여서 비단 조각을 가슴에 달아 장식을 했고 조끼 위로 커다란 스카
프를 목에 둘렀다. 그렇게 차려입힌 후 그를 데려 간 곳은 오덴세
에 있는 극장이었다. 극장에는 사람들이 많이 모여 있었다. 처음
보는 대규모의 군중에 그는 압도당하고 말았다. 안데르센은 감격
에 젖어 어린아이답게 외쳤다.

"우와아! 여기 모인 사람들 숫자만큼 버터 통이 많이 있으면 버
터를 실컷 먹을 수 있겠다!"

극장에서는 그날 〈시골 정치인〉과 〈도나우의 처녀〉가 공연되었
다. 통속적인 연극이었지만 안데르센은 홀딱 반하고 말았다. 그래
서 그날부터 자신이 본 연극을 흉내 내기 시작했다. 망토 대신 앞
치마를 어깨에 두르고 며칠씩이나 거울 앞에서 〈도나우의 처녀〉에

나오는 기사의 역할을 흉내 냈다. 안데르센은 곧 그 연극을 통째로 외웠다. 또 공연 안내지를 나누어 주는 사람과도 친구가 되었다. 그에게 연극이 소개된 안내지를 매일 얻어서는 구석에 쪼그리고 앉아서 줄거리를 상상하곤 했다.

아버지가 돌아가신 뒤에 안데르센은 붕케플로드 부인 집에서 다시 한 번 연극에 대한 꿈을 꾸었다. 붕케플로드 부인은 길 건너 부자들의 거리인 에일쇼우 구역에서 시누이와 함께 살고 있었다. 고인인 붕케플로드 목사는 시인이었다. 그래서 그 집에는 책이 아주 많았다. 부인이 늘 따뜻하게 맞이해 주었기 때문에 안데르센은 그 집을 자기 집처럼 드나들었다. 안데르센은 거기에서 처음으로 '시인'이라는 말을 들었고 또 난생 처음 셰익스피어의 희곡을 읽었다. 셰익스피어의 희곡은 단번에 안데르센을 매료시켰다. 안데르센은 셰익스피어의 희곡에 나오는 영웅적인 사건들과 교활한 인물들에게 푹 빠져들었다. 안데르센은 집으로 돌아와 그것들을 자신의 인형 극장에서 연극으로 공연했다. 그리고 직접 자신이 희곡을 쓰기도 했다.

열세 살이 되던 해 6월에 코펜하겐의 왕립극단이 오덴세로 순회 공연을 왔다. 그때 안데르센은 안내지를 나누어 주는 이의 도움으로 무대 뒤편으로 들어갈 수 있었다. 공연도 보고 단역으로 잠깐씩 출연도 했다. 안데르센이 연습을 어찌나 열심히 했던지 배우들은

그에게 친절한 관심을 보였다. 이 일은 획기적인 사건이 되었다. 안데르센은 자신이 극장에서 새로 태어났다고 느꼈다. 그의 마음은 연극을 향한 걷잡을 수 없는 열정으로 소용돌이쳤다.

연극을 하기 위해서는 왕립극단 단원이 되어야 했다. 또 왕립극단 단원이 되기 위해서는 코펜하겐으로 가야 했다. 코펜하겐은 안데르센의 목표가 되었다. 물론 오덴세에서 코펜하겐까지는 먼 거리였다. 마차를 타고 뉘보르 항까지 한참을 달려간 후 그곳에서 배를 타고 셀란 섬의 코르소르 항까지 32킬로미터나 되는 대해협을 지난다. 코르소르 항에서 내린 후에도 마차를 타고 꼬박 한 나절 그리고 또 하룻밤을 마차를 타고 달려야만 하는 곳, 그렇게 머나먼 곳이 코펜하겐이었다. 더군다나 가진 것 없고 아는 이 하나 없는 어린 소년에게는 불가능한 일이었다.

그러나 꿈은 운명을 이끈다. 안데르센의 꿈은 안데르센의 운명을 이끌었고 소년 안데르센은 자신도 모르게 한 발 한 발 앞으로 내디뎠다.

당시에는 열서너 살이 되면 견진성사를 받았다. 부잣집 아이들은 교구 사제장에게, 가난한 집 아이들은 신부한테 견진 교리를 배우는 것이 관례였다. 그러나 안데르센은 이 관례를 깼다. 그는 신부를 찾아가는 대신에 사제장을 찾아갔다. 안데르센은 사제장이 맡은 아이들 중 가장 아랫반에 편성되었다. 주로 부잣집 아이들인 그들은 안데르센을 무시했다. 사제장 또한 달가워하지 않았다. 그러나 안데르센은 개의치 않았다.

안데르센은 가난한 집 아이들이 무서웠다. 그들에게는 꿈이 없었고 아름다움을 바라보는 눈이 없었다.

안데르센은 자신이 속한 무리에서 외톨이였다. 아이들은 안데르센이 몰두하고 있는 연극 놀이며, 이상하고 신기한 이야기, 아름다운 노랫소리를 흥미로워 했지만 그런 안데르센을 친구로 받아들이기는 어려웠다. 그들은 안데르센을 놀렸고 야유했으며 이상한 아이라고 비웃었다. 착하기만 했던 그의 어머니 또한 그를 이해하지 못했다.

안데르센은 자신을 이해할 수 있는 사람들은 남다른 사람들일 것이라고 생각했다. 즉, 보다 높은 신분으로 교육받고 예술적으로 훈련된 사람들, 삶의 비참함보다는 아름다움에 눈뜬 소수의 사람들만이 자신을 이해하리라고 생각했다.

안데르센은 이따금 상류층 아이들로 이루어진 문법학교 학생들이 뛰노는 모습을 울타리 바깥에서 우두커니 바라보곤 했다.

'나도 그들 속에 낄 수 있다면!'

왠지 그들에게는 구두 수선과 더러운 빨래와 욕지거리가 없을 것만 같았다. 안데르센이 무엇보다도 부러웠던 것은 그들이 곁에 두고 읽는 수많은 책들이었다.

다음 해, 안데르센의 집은 이사를 갔다. 그곳에서 안데르센은 유명해졌다. 집 밖의 뜰을 무대로 노래를 불렀기 때문이다. 안데르센은 곧 마을의 명물이 되었다. 안데르센이 가지고 있는 소프라노 음색, 타고난 어린아이 같은 모습 등은 교양 있는 사람들을 곧잘 감동시켰다.

그는 약제사 집부터 굴베르 대령 집에 이르기까지 수많은 저택을 다니며 노래를 부르고 연극 대사를 낭송했다. 굴베르 대령이 소개해 주어 크리스티안 왕세자를 만났고 출판업자 크리스티안 이베르센을 만나기도 했다. 왕세자와 출판업자는 그에게 상인이 될 것을 권고했다.

그러나 배우가 되고자 하는 안데르센의 열망은 꺾이지 않았다. 왜 꼭 배우여야 하는지 그것은 안데르센 자신도 몰랐다. 그저 연극이 좋았을 뿐이었다. 안데르센은 코펜하겐으로 가기 위한 준비를 하나씩 해 나갔다. 우선 출판업자 이베르센에게 추천장을 얻었다. 왕립극단의 유명 발레리나인 마르그레테 샬에게 보여 줄 추천장이었다. 코펜하겐으로 갈 여비를 부탁하기 위해 오덴세의 주교를 찾아가기도 했다.

이제 안데르센의 수중에는 13릭스 달러가 모였다. 그것은 그가 한 해 동안 부잣집에서 공연을 하고 받은 돈을 모은 것이었다. 안데르센은 마침내 어머니에게 말했다.

"코펜하겐으로 가겠어요."

어머니는 깜짝 놀랐다.

"거기 가서 뭐하려고?"

"유명해질 거예요."

"말도 안 돼. 얘야, 너는 이제 열네 살밖에 안 되었어. 아직은 어린아이라고."

"어머니, 사람들이 어떻게 유명해진 줄 아세요? 처음엔 한결같이 고난에 빠져서 시작해요. 하지만 결국엔 이 고난을 헤치고 유명해지는 거예요."

반쯤 넋이 나가 있는 어머니 앞에서 안데르센은 격정에 차서 이렇게 말했다. 그리고 울다가 빌다가 어떻게 해서든 허락을 얻어내려 애썼다. 어머니는 하는 수 없이 용하다는 점쟁이를 찾아갔다. 점쟁이는 커피 찌꺼기와 카드로 점을 친 후 말했다.

"당신 아들은 훌륭한 사람이 될 거예요. 오덴세의 모든 사람들이 당신 아들을 위해 오덴세를 환하게 밝힐 테니 걱정 말아요."

1819년 9월 4일 일요일 오후 안데르센은 마침내 오덴세를 떠났다. 그의 손에는 한 해 동안 공연으로 모은 돈과 여행 허가증 그리고 옷가지를 싼 짐 꾸러미가 들려 있었다. 그리고 양복 안주머니 깊숙한 곳에는 출판업자가 유명한 발레리나 앞으로 써 준 소개장이 있었다.

코펜하겐

코펜하겐은 오덴세와는 비교할 수 없이 크고 화려했다. 코펜하겐의 상점들은 깨끗하고 멋진 모습을 하고 있었다. 박공 구조의 지붕에 높은 테라스, 밝은 색의 벽면, 가파른 네덜란드식 창고 지붕. 코펜하겐에 비하면 오덴세는 장난감 도시 같았다.

전날 유대인들이 소동을 일으켰기 때문에 거리는 가는 곳마다 북적였다. 치안을 유지하려는 병사들이 시내를 돌아다니고 있었다. 여전히 난동을 부리는 폭도들 때문에 유리창이 부서졌고 간간이 총소리도 들렸다. 무슨 일이 일어났는지 모르는 안데르센은 도시 전체가 거대한 파도가 일 듯 술렁거리는 것으로 여겨졌다.

안데르센이 성문 근처 베스테르가데 18번지에 있는 싼 여인숙을 얻은 뒤, 제일 처음 찾아간 곳은 왕립극장이었다.

'이곳이야. 이곳에서 내 꿈을 펼쳐야지.'

안데르센은 극장 주위를 몇 번이나 돌아보았다. 벽을 따라가며 위를 올려다보았다. 보금자리에 온 것처럼 편안했다. 극단에서 일할 수 있다면 배우, 가수, 극작가, 그 무엇이든 상관이 없을 것 같았다. 안데르센은 공연을 앞둔 배우처럼 마음이 부풀어 올랐다.

그 때 누군가 다가왔다. 그는 암표상이었다. 과장되게 친절한 미소를 띠며 표를 한 장 줄까 하고 물었다. 그러나 안데르센이 암표상의 존재를 알 리가 없었다. 안데르센은 표를 받으며 고맙다고 인사까지 했다. 그러자 암표상이 돈을 받으려고 기다렸다. 아무것도 모르는 안데르센은 가만히 서 있을 뿐이었다. 그제야 암표상은 무섭게 화를 냈다. 어린 녀석에게 놀림을 당했다고 생각한 것이다. 겁에 질린 안데르센은 황급히 자리를 떴다.

다음 날 안데르센은 브레드가데 19번지에 있는 샬 부인의 집 현관 앞에 서 있었다. 브레드가데 19번지는 공무원, 상업가, 예술가와 그 후원자들이 살고 있는 우아한 거리였다. 안데르센은 한껏 치장을 한 상태였다. 견진성사 때 입었던 양복을 입고 새 구두를 신

고 큰 모자를 썼다. 그러나 어쩔 수 없이 잔뜩 주눅이 들었다.

제발 성공하게 해 달라고 무릎을 꿇고 기도를 올리고 난 뒤 안데르센은 초인종을 눌렀다. 하녀가 나왔다. 하녀는 친절하게 미소를 짓더니 동전 하나를 던져 주고는 다시 들어갔다. 안데르센은 하녀를 다시 불렀다. 한참 실랑이를 한 끝에 그는 샬 부인을 만날 수 있었다. 안데르센이 내민 소개장을 본 샬 부인은 고개를 갸웃했다.

"모르는 사람인데."

그러나 안데르센은 물러서지 않았다.

"출판업자 이베르센이 당신을 잘 안다고 했어요."

안데르센은 부인에게 매달리다시피 했다.

"제 소원은 배우가 되는 것이에요. 배우가 아니면 제 인생은 아무것도 아니에요."

"그래요?"

샬 부인은 안데르센을 흥미롭게 바라보았다.

"어떤 역할을 할 수 있죠?"

"신데렐라요."

안데르센이 그렇게 말했던 까닭은 오덴세에서 왕립극단이 공연을 할 때 가장 마음을 사로잡았던 인물이 신데렐라였기 때문이었다. 신데렐라의 모든 연기와 대사를 그는 다 기억하고 있었다. 그리고 연기를 할 수도 있었다. 안데르센은 말했다.

"저, 신발을 벗어도 될까요?"

"좋아요."

안데르센은 구두를 벗고 모자를 탬버린 삼아 춤을 추며 노래를 부르기 시작했다. 안데르센은 열정을 담아 격정적으로 혼신의 힘을 다해 연기했다. 그러나 샬 부인의 얼굴은 점점 어두워졌다. 결국 샬 부인은 고개를 살래살래 저었다.

'미친 사람 같으니.'

부인의 얼굴 표정은 그렇게 말하는 듯했다. 곧 하녀가 왔다. 결국 안데르센은 쫓겨나고 말았다.

그 다음에 찾아간 사람은 극장 관리자였다. 배우로 취직시켜 달라고 부탁해 보았으나 거절당했다. 연극을 하기엔 너무 말라서 안 되겠다는 것이었다. 몇 번 더 찾아가서 부탁하고 결국에는 거절당하는 일이 되풀이되었다. 그러는 사이에 안데르센이 가지고 간 돈은 바닥이 났다.

'아, 아무도 없구나. 내게 도움을 주거나 따뜻한 위로의 말을 해 줄 사람조차 아무도 없구나. 차라리 죽는 것이 낫지 않을까.'

안데르센은 절망에 빠졌다. 그러나 안데르센은 완전히 좌절하지는 않았다. 그는 하나님을 찾으며 기도하고 매달렸다.

'아무리 힘들고 어려운 일이 있더라도 신은 도움의 손길을 내리신다. 늘 그렇게 생각하고 살아오지 않았니? 처음부터 쉬운 일은

없는 거야. 성공하는 사람은 늘 처음엔 이겨낼 수 없을 것 같은 시련과 고통을 겪잖아.'

안데르센은 남은 돈을 오페라를 보는데 써 버렸다. 그리고 마지막으로 가구를 만드는 작업장을 찾아갔다. 그러나 옛날에 공장에서 일했을 때 놀림을 받던 기억이 떠올라 반나절 만에 자리를 박차고 나왔다.

아는 사람이라곤 하나도 없이, 빈털터리의 신세로, 불투명한 미래를 절망스럽게 생각하면서 안데르센은 터덜터덜 길을 걸었다. 그러다가 문득 코펜하겐의 음악원 원장인 시보니라는 사람을 떠올렸다.

'그를 찾아가면 무언가 해결책이 생길지도 몰라.'

안데르센의 노래를 들어 본 사람은 하나같이 그 목소리가 아름답다고 칭찬했다. 그러니 음악원 원장이라면 이것을 알아주지 않을까, 안데르센의 가슴은 다시 기대로 부풀어 올랐다.

마침 시보니의 집에서는 성대한 디너파티가 열리고 있었다. 동정 어린 하녀의 도움으로 안데르센은 안으로 들어갈 수 있었다. 집 안은 유명한 작곡가, 시인들로 북적거렸다. 안데르센은 사람들 앞에서 홀베르의 연극 가운데 몇 장면을 노래로 불렀다. 시도 몇 편 낭송했다. 시를 낭송하는 도중에 자신의 불행한 처지가 떠올라 눈물을 흘렸다. 더 이상 노래도 낭송도 할 수 없을 즈음 사람들의 박수 소리가 들려왔다.

"예언하건대, 이 청년은 성공할 것입니다."

누군가 이렇게 말하는 소리가 들렸다. 그는 시인 바게센이었다. 그는 안데르센을 향해 말했다.

"미래에 모든 사람들이 환호하더라도 너무 자만하지는 말게."

그날의 만남은 성공적이었다. 그곳에서 소개받은 바이세 교수를 통해서 안데르센은 경제적 도움을 받았다. 안데르센은 시보니의 집을 자주 방문했다. 이탈리아 사람이었던 시보니는 독일어도 할 줄 알았다. 그러나 덴마크어는 서툴렀다.

시보니는 독일어와 서툰 덴마크어로 오페라 가수들을 지도하고 있었다. 노래하는 법, 무대 위에서 연기해야 하는 배역을 이해하고 자신의 역할과 하나가 되는 법 등을 가르쳤다. 그는 훌륭한 선생이었다. 그러나 형편없는 덴마크어 때문에 가수들에게 하는 지도는 종종 우스꽝스러운 꼴이 되고 말았다. 당시에는 이탈리아 오페라가 유럽 전역을 휩쓸 정도로 인기였는데도 시보니는 자신의 재능만큼 인정받지 못했다.

여섯 달쯤 뒤 안데르센은 목소리가 갈라졌다. 가수에게 목소리가 갈라지는 것은 치명적인 약점이었다. 훌륭한 가수가 되겠다는 안데르센의 꿈은 물거품이 되고 말았다. 시보니는 고향으로 돌아가 상업을 배우는 게 좋겠다고 충고했다. 안데르센은 시보니의 집을 나와야 했다. 그는 다시 버림받은 신세가 되고 말았다.

그러나 안데르센은 고향에 돌아가겠다는 생각은 결코 하지 않았다. 사람들의 관심 밖으로 밀려나고 빈곤에 허덕이면서도 안데르센은 자신의 꿈을 결코 포기할 수 없었다.

안데르센은 여기저기서 조금씩 도움을 받았다. 교리문답반에서 같이 공부했던 소녀 라우라는 자신의 용돈과 친구들한테 모은 돈을 전해 주었다. 시보니 씨 하녀들에게 돈을 받기도 했다. 작곡가 클라우드도 안데르센에게 작은 도움의 손길을 뻗쳤다. 클라우드는 가난을 뼈저리게 겪어 안데르센의 고충을 잘 이해했다.

그러나 그런 후원에도 불구하고 안데르센의 사정은 나빴다. 그는 가난의 끝에 서 있었다. 추위와 배고픔에 시달렸고, 닳아빠진 구두 때문에 발가락이 얼음에 닿아 젖었다. 게다가 키가 자라 소매와 바지 길이가 짧아졌기 때문에 옷차림도 우스꽝스러워졌다.

어느 날 그는 오덴세에서 알고 지냈던 굴베르 대령의 동생에게 편지를 썼다. 시인이었던 굴베르 교수는 안데르센을 만나게 되자 처지를 딱하게 여겨 자신의 책이 나오면 인세를 모두 주겠다고 약속했다. 굴베르 교수는 안데르센을 최고의 희극배우인 륀그린에게 소개했다. 안데르센은 륀그린 앞에서 연기를 해 보였다. 그가 했던 연기는 욀렌슐레게르가 독일어로 쓴 비극 〈코레조〉였다. 그러나 륀그린 교수의 반응은 신통치 않았다.

"감정이 있군. 하지만 자넨 배우가 아니야. 굴베르 교수한테 라틴어를 배우고 싶다고 얘기하게. 학생이 되는 길은 열려 있으니까."

안데르센은 굴베르의 소개로 벤치에 교수에게 일주일에 두 번 라틴어를 배웠다. 그러나 안데르센은 배우가 되려는 꿈을 저버릴 수 없었다. 안데르센은 무용가 달렌의 소개로 무용학교에 들어갔고 오전 내내 다리를 뻗고 빙글빙글 돌며 춤을 추었다. 달렌은 안데르센이 잘 해야 단역밖에 못하겠다고 했지만 그것만으로도 만족했다.

드디어 안데르센은 〈두 명의 어린 사보이 사람〉이라는 오페레타의 단역으로 무대에 서게 되었다. 늘 입던 옷차림 그대로, 안데르센은 얼굴까지 초라하고 터무니없이 큰 모자를 덮은 채 연기를 했다. 복장이 썩 좋지 않다는 생각 때문에 그의 몸놀림은 움츠러들었다. 턱없이 짧은 조끼가 관객 눈에 드러날까 봐 몸을 똑바로 치켜 세우지도 못했다. 마침내 공연이 끝나고 한 가수가 그를 무대 맨 앞으로 끌고 가 소개를 했을 때 관객석에서 박장대소가 터져 나왔다. 그들은 안데르센을 비웃고 있었던 것이다. 안데르센의 뺨을 타고 눈물이 흘러내렸다.

〈아르미드〉라는 발레 극에서 안데르센은 정식으로 작은 요정 역을 맡았다. 안데르센은 공연 팸플릿에 자신의 이름이 새겨진 것을 보고 매우 감격했다. 생애 처음으로 자신의 이름이 활자화 된 것을 확인하는 행복한 순간이었다. 어찌나 기뻤던지 그는 잠자리에 누워서도 공연 팸플릿을 꼭 끼고 들여다보기를 반복했다.

갈라진 목소리가 다시 회복되자 안데르센은 무용학교를 나와 음악학교 합창대로 옮겼다. 안데르센의 노래는 인정받기 시작했다. 합창대에 합류한 안데르센은 하인, 급사, 목동, 전사 등의 단역을 맡아 무대에 올라섰다.

'노래만 잘 부르면 얼마든지 대배우로 성공할 수 있을지 몰라.'

안데르센은 이렇게 희망을 걸고 있었다.

안데르센이 연극을 하느라 라틴어를 소홀히 하고 있다는 사실이 굴베르 교수의 귀에 들어갔다. 굴베르 교수는 호되게 꾸중을 했다. 왜냐하면 굴베르 교수가 자신이 후원하는 젊은이를 평가하는 수단은 라틴어였던 것이다. 굴베르 교수는 어느 날 후원을 중지하겠다고 선언했다.

"제발 저를 버리지 말아 주세요."

안데르센은 애끓는 마음으로 용서를 구했다.

"연기는 그만하게."

굴베르 교수의 목소리는 냉정했다.

"당신마저 저를 버리시면 이제 정말 혼자입니다. 제가 잘못했습니다. 앞으로는 더욱 열심히 하겠습니다. 진정 신의 이름으로 맹세합니다."

"안됐네! 소용없는 짓이야. 지난번에도 그랬었지. 자네를 위해서는 더 이상 아무것도 하지 않겠네."

눈앞에서 문이 쾅 소리를 내며 닫혔다. 안데르센은 참담한 심정이 되어 페블링게 호수로 갔다. 그는 호숫가에 서서 물위에 비치는 달빛을 바라보았다. 차가운 바람이 불고 있었다. 안데르센의 마음속에는 무시무시한 생각이 떠올랐다. '모든 것이 끝났어. 신이 노한 거야. 너는 죽어야 해!' 안데르센은 물속을 들여다보았다. 문득 할머니 얼굴이 떠올랐다. 이상한 일이었다. 할머니 얼굴을 보자 죽어야겠다는 생각이 차츰 가라앉았다.

안데르센은 1821년에서 1822년 사이에 노래와 무용을 계속했다. 또 첫 번째 희곡 〈비센베르의 도둑들〉을 보름 만에 써 내기도 했다. 그러나 1822년 안데르센은 극장으로부터 편지를 받았다. 음악학교와 무용학교에서 쫓겨났음을 알리는 내용이었다. 한 달 뒤에는 그가 썼던 희곡이 반송되었다. 동봉된 편지에 "이렇게 초보적인 실수가 심한 작품은 보관하길 원하지 않는다"라고 적혀 있었다. 안데르센이 세상으로부터 다시 한 번 버림을 받는 순간이었다.

열일곱 살의 안데르센은 노래, 무용, 희곡 그 무엇을 통해서든지 무대에 오르고자 했다. 그에게는 재능이 있었다. 그러나 그는 학교 교육을 제대로 받지 못했고 그를 아는 사람은 누구나 그 사실을 지적했다. 그에게 필요한 것은 자신의 재능을 효과적으로 표현할 수 있는 기초적인 교육이었다. 그럼에도 안데르센은 여전히 자신의 재능만으로 인정받을 수 있다고 믿고 있었다.

안데르센이 두 번째 희곡 〈알프솔〉을 썼을 때 몇몇 후원자가 나타났다. 쿠트펠트라는 목사가 안데르센의 희곡을 극단에 보내 주었고 요나스 콜린이라는 사람을 소개해 주었다.

콜린은 왕립극단과 인재를 후원하는 국왕 명의 기금을 관리하고 있었다. 그는 궁정 관료이자 고급 공무원이었으며 자선 사업가로도 널리 알려져 있었다. 부유했지만 검소했고 왕성한 활동과 빈틈없고 합리적인 태도로 유명했다. 콜린의 집에 찾아갔던 안데르센은 말이 없고 냉정한 콜린을 보고 낙담했다. 그러나 반송된 두 번째 희곡 안에는 콜린이 써 준 한 장의 추천서가 들어 있었다. 문법학교에서 기본적인 교육을 받을 수 있도록 추천하는 내용이었다.

콜린은 곧 안데르센의 명실상부한 후원자가 되었다. 그는 새로운 아버지이며 영웅이었다. 그는 안데르센이 국왕의 후원금도 받을 수 있게 도와주었다. 안데르센은 그 후원금으로 슬라겔세 문법

학교에서 수년간 공부할 수 있게 되었다. 안데르센의 삶은 갑작스럽게 바뀌고 말았다. 안정적인 지원 속에서 미래를 계획할 수 있게 된 것이다.

그럼에도 여전히 한 가닥 미련이 남아 있었다. 무대의 꿈을 저버리지 못하는 안데르센은 자비로 두 번째 희곡 작품인 〈알프솔〉을 출판했다. 책은 한 권도 팔리지 않았고 주변에서 지독한 혹평을 받았다. 그는 책을 수거해서 표지를 갈아 다시 가져다 놓았다. 역시 마찬가지였다. 결국 안데르센의 책은 일부는 포장지로 쓰이고 나머지는 다시 펄프가 되었다.

4년 전, 안데르센은 원대한 꿈을 안고 코펜하겐을 찾아왔다. 4년의 시간은 안데르센에게 가난과 궁핍, 좌절과 실의의 나날이었다. 후원자들의 도움으로 간신히 이어졌지만 후원 속에서도 여전히 굶주린 나날이었다. 또 더 말할 수 없을 정도로 외로운 날들이기도 했다. 무대에서 꿈을 펼쳐 보려는 희망은 일련의 실패 속에서 무너질 수밖에 없었다. 그러나 이제 실패를 뒤로 하고 안데르센은 떠나야 했다. 안데르센은 새로운 학교, 새로운 배움의 세계를 향해 다시 떠나야 했다.

외로운 늦깎이 학생

슬라겔세는 마치 외딴 유배지 같은 분위기를 풍기는 곳이었다. 고풍스러운 반면 따분하고 활기가 없는 느낌을 주었다. 학교는 중심가에 있었다. 졸업생 중에는 유명 작가들도 더러 있었고 평판도 좋았다. 그러나 슬라겔세에서 학생들의 흥미를 끄는 일이라고는 코펜하겐에서 코르소르 항구로 가려고 지나가는 마차들뿐이었다.

첫 월요일 아침 문법학교 2학년 교실에 들어서는 순간 안데르센은 단번에 자신이 비웃음의 대상이라는 사실을 깨달았다.

"안데르센! 넌 키가 커서 금방 꺾일 것 같아 보이는구나. 이 머리카락 좀 보라구. 강아지 두 마리 분량의 털이 나오겠는걸."

선생이 이렇게 말하자 교실 안의 아이들이 일제히 웃었다. 특히나 두 눈을 반짝이면서 영특한 표정을 짓고 있는 맨 앞줄의 아이들은 노골적으로 경멸의 시선을 던졌다. 안데르센의 각진 얼굴은 금세 긴장된 듯 발갛게 달아올랐다.

안데르센은 다른 아이들보다 여섯 살이나 많았는데도 아는 것은 가장 적었다. 라틴어, 기하학에 관해서는 거의 백지였고 지리 시간에는 덴마크 지도에서 코펜하겐의 위치조차 가리키지 못했다. 안데르센은 곧 질식할 것만 같은 두려움을 느꼈다. 가장 무서운 존재는 그해 갓 부임한 메이슬링 교장 선생님이었다.

서른다섯 살의 메이슬링은 이름난 고전 연구가였는데 대머리에 키가 땅딸막한 사람이었다. 둥근 얼굴에 뿔테 안경을 쓴 메이슬링은 한마디로 매력 없는 현학자처럼 보였다. 그는 화를 잘 내고 다른 선생님들도 못살게 굴었기 때문에 인기가 없었다. 손톱은 잉크와 때로 언제나 시커멓고 옷차림도 지저분했다. 그는 누구에게나 빈정대며 독설을 퍼붓기 일쑤였는데 라틴어 실력이 형편없었던 안데르센은 종종 그의 표적이 되었다.

안데르센의 꿈이 작가라는 사실은 문법 학교에서 누구나 다 알고 있었다. 그러나 그의 글은 어설프고 문법에도 맞지 않았다.

"어리석기 짝이 없군. 가망이 없어! 말도 안 되는 글을 쓰는 건 네 마음이지만 아무도 읽어 주지 않을걸. 결국에는 폐휴지로 팔리겠지."

　메이슬링은 학기 중에 창작을 금했다. 그리고 가혹한 말로 안데르센을 질책하곤 했다. 안데르센은 그런 메이슬링을 신처럼 따르며 그가 하는 한마디 한마디를 무조건 믿었다. 졸음을 쫓기 위해 찬물을 끼얹기도 하고 정원 주변을 달리기도 하면서 인정받기 위해 노력했다. 그러나 메이슬링의 가혹한 말 앞에서 안데르센은 점점 용기를 잃고 말았다. 그는 곧 자신감이라고는 조금도 없이 따분해 하고 침체된 학생들의 무리에 끼게 되었다.

　'점점 지겨워진다. …… 아, 지루하고도 지루하다! 공부에 넌덜머리가 난다!'

　안데르센은 일기에 이렇게 적곤 했다.

　학교에서 혹독하게 대했던 것과는 달리 메이슬링은 주말이나 휴가 때에는 안데르센에게 친절을 베풀기도 했다. 주말에는 집으로 불러들여 자신의 아이들을 돌보게 하기도 했고 첫 학기가 끝난 후 코펜하겐으로 가는 마차 여행에 초대하기도 했다. 그런데도 그는 안데르센에게 언제나 두려움의 대상이었을 뿐이다.

　1823년 부활절에 안데르센은 고향 오덴세를 다녀왔다. 고향은 많은 것이 달라져 있었다. 할머니는 돌아가셨고 실성한 할아버지는 쓸모없는 동전을 모으며 혼자 살았다. 이복 누이 카렌 마리는 코펜하겐 어디론가 떠났다고 했다. 어머니는 또다시 남편을 잃고 혼자가 되었으며 더욱 가난해져 있었다.

그러나 안데르센은 이제 오덴세의 미운 오리 새끼가 아니었다. 그는 왕실의 후원을 받는 문법학교 학생이었던 것이다. 어머니는 그 사실을 알고 너무나 기뻐서 거의 쓰러질 뻔했다. 안데르센은 주교와 굴베르 가족이 함께 타고 있는 배 안에서 기쁨의 눈물을 흘리는 어머니를 말없이 바라보았다.

안데르센은 여기서 멈출 수 없었다. 그는 자신이 행운의 뾰족탑 위에 서 있는 모습을 상상했다. 고향 사람들이 자신을 우러러보는 광경이 그려졌다. 안데르센과 그의 가족 사이에는 거리가 생겼다. 그리고 그 거리는 점점 더 멀어질 것이었다. 마치 뾰족탑 밑에서 아스라이 먼 꼭대기를 바라보는 것처럼 말이다.

고향에서의 영광은 잠깐이었다. 슬레겔세로 돌아오자 따분하고 괴로운 학교생활이 다시 이어졌다. 그는 메이슬링의 비난에 시달리며 그 집 아이들을 돌보느라 정신이 없었다. 따분한 생활 중에 유일하게 기억에 남는 일은 밤새 지붕 없는 마차를 타고 달려서 몇 킬로미터 떨어진 스켈스쿄르 항구에 간 일이다.

그곳에서 안데르센은 동료 학생들과 죄인이 공개 처형당하는 광경을 구경했다. 부유한 농부의 딸이 혼전 임신을 하고 아이 아버지를 시켜 결혼에 반대하는 자신의 아버지를 살해한 사건이었다. 처형 장소로 끌려온 죄인들이 죽기 전 자신들이 눕게 될 관 옆에서 노래를 부르는 모습, 처형당한 사람의 피를 마시면 병이 나을 수도 있다는 미신적인 믿음으로 처형이 끝나기만을 기다리는 간질병 환자, 처형이 진행되는 동안 슬픈 노래를 부르며 신문을 팔아 돈을 버는 장사꾼들. 이 모든 장면들은 섬뜩한 기억으로 안데르센의 뇌리에 새겨졌다.

1823년 가을, 안데르센은 3학년에 진급했다. 성적은 좋았다. 그러나 공부는 더욱 어려워졌고 메이슬링과의 갈등은 더 심해졌다. 안데르센은 학교를 포기해야겠다는 생각마저 들었다. 그리고 다음 해에 그는 진급 시험에 떨어져 3학년을 한 해 더 다녀야 했다.

안데르센의 생활에 유일한 빛은 시인 잉게만과 나눈 우정이었다. 잉게만은 10년 전쯤 낭만주의 작가들과 친분을 쌓았고 월터 스콧의 소설을 모델로 덴마크 역사소설을 썼던 온화하고 조용한 성품의 시인이었다. 1822년에 젊은 화가 루시와 결혼했던 잉게만은 소뢰의 호수 마을에 귀족 자제들을 위해 설립한 학교에서 학생들을 가르치고 있었다.

잉게만의 제자들과 가까워지면서 비공식적인 독서 모임이 만들어졌다. 안데르센은 그 모임에서 폭넓게 책을 읽었다. 책 읽기는 그에게 가장 큰 기쁨이었다. 셰익스피어, 월터 스콧 등의 작품에 열광하면서 머리만 있고 몸은 없는 난쟁이 이야기를 구상하기도 했다. 창작에 대한 욕구를 억누른 채 라틴어와 대수로 가득 찬 자신의 모습이 궁전의 난쟁이와 마찬가지로 교실 속 괴물 같은 존재라고 생각했던 것이다.

1825년 9월, 안데르센은 일기를 쓰기 시작했다. 메이슬링 교장의 창작 금지령 때문에 애가 닳아 있던 그에게 일기는 감정의 분출구였고 자기를 표현할 수 있는 유일한 통로였다. 2년에 걸쳐 지루하게 공부해 왔던 상급반 진학 시험을 앞둔 그즈음 안데르센의 일기에는 야망과 환상, 자기도취와 유치함이 뒤죽박죽 얽혀 있었다. 신을 완전히 믿지는 않았지만 외로운 안데르센은 신에게 전적으로 의지하고 있었다.

전능하신 하느님, 저를 용서하십시오. (……) 제게 맡겨진 일을 저는 해내야만 합니다. 인류를 위해 저의 영혼 앞에 펼쳐진 다양하고 생동감 넘치는 광경을 그려 내야만 합니다. 제 영혼은 알고 있습니다. 제가 이 일을 할 수 있고, 또 해내리라는 사실을, 그러므로 하느님, 저를 저버리시면 안 됩니다. 저는 당신의 사제가 되기를 원하기 때문입니다.

불쌍한 내 신세! 라틴어를 망쳐 버렸다! 4학년으로 진급할 수 없을 거야! 학교를 떠나라! 숙련공이 되거나 송장이 되는 것이 네 운명이야! 아, 하느님! 당신은 진정 이곳에 계신 겁니까!

무어라 불러야 좋을지 모를 미지의 존재여, 내 영혼에 용기를 불어 넣어 주오. (……) 나는 천사가 될 수도 있다. 아니, 천사 아니면 악마, 둘 중 하나가 되겠지. 그건 아직 결정되지 않았으니까!

이 강렬한 환상이 언젠가는 나를 정신병원으로 몰아넣을 것이며, 내 광폭한 기질이 나를 자살로 내몰 것이다. 그렇게 되기 전에 이 두 가지가 나를 위대한 작가로 만들 수도 있겠지.

희망과 절망, 낙관과 비관 사이를 극단적으로 오가며 그의 자아는 불안하게 흔들리고 있었다. 그의 자아는 종종 양분되었다. 후원금에 의존하는 학생과 야심에 찬 예술가가 바로 그것이었다. 그렇게 양분된 자아로 우울증의 경계에 선 그에게 창작 욕구는 어렸을 때 그토록 두려워했던 할아버지의 광기로 다가왔다.

하느님, 이번에 4학년으로 진급할 수 있다면 영원한 구세주의 이름으로 맹세컨대 다시는 하느님의 손길을 의심하지 않겠습니다.

우울함, 불쾌하게 내리는 억수 같은 비, 가을날 같은 잿빛 대기, 안개 낀 으슬으슬한 날씨, 모두가 내 영혼의 모습 같다. 하느님, 죽고 싶어요.

10월 1일 안데르센은 메이슬링 부인으로부터 시험에 합격했다는 소식을 들었다. 드디어 진급한 것이다.

안데르센은 거처를 메이슬링 교장 댁으로 옮겨야 했다. 메이슬링이 헬싱괴르 교장으로 지명되면서 안데르센을 데려가고자 했기 때문이었다. 교장은 안데르센에게 라틴어와 그리스어 개인 교습을 해 주기로 했다. 물론 자기 아이들을 안데르센에게 돌보게 하려는 의도도 있었다.

메이슬링 사택에서의 생활은 한층 더 괴로웠다. 집안은 더러웠고 식품 저장실에서는 돼지를 쳤다. 메이슬링 부인은 뚱뚱하고 경박하며 품행이 의심스러운 여자였다. 그녀는 가끔 농촌 처녀로 분장을 하고 밀회를 즐기러 집을 빠져나가기도 했고 이따금 안데르센 방에 들어와서 육체적인 유혹을 하기도 했다.

메이슬링의 이중적인 태도 또한 안데르센을 혼란에 빠뜨렸다. 그는 안데르센에게 시내에서 사람들을 만나더라도 아는 체하거나 인사를 나누지 말라고 명령했다. 사과 하나를 주면서 냉랭한 표정을 짓는가 하면 어떤 날은 아주 친절하게 대했다. 그리고 안데르센이 싫어하는 점을 밖으로 끄집어내면서 그를 괴롭혔다.

볼프 장군의 부인에게 초대를 받아 1825년 크리스마스 휴가를 코펜하겐에서 보내고 왔을 때 메이슬링은 안데르센에게 다음과 같은 편지를 써서 그를 비난했다.

너의 일탈 행동에 대해서는 할 말이 없다. 다만 너의 학업을 위해 금지해 왔던 준엄한 권고, 즉 이야기나 시를 쓰는 데 시간을 낭비하지 말라는 충고를 네가 어겼다는 점만 지적하겠다. 고작 코펜하겐에서 파티의 흥이나 돋우려고 말이다. 다시 너를 만나게 되면, 네가 나를 얼마나 실망시켰는지 확실히 짚고 넘어갈 것이다.

메이슬링은 제자 안데르센이 상류층과 맺는 화려한 친분 관계를 용납할 수 없었던 것이다. 왜냐하면 그 자신이 야망에 찬 사람이었는데 안데르센은 자신을 능가하는 듯이 보였기 때문이다.

1826년 봄, 안데르센은 메이슬링 가족을 따라 헬싱괴르로 이사했다. 헬싱괴르는 밝고 생동감이 넘치는 도시였다. 도시에는 성당과 수도원이 있고 박공지붕을 한 저택들이 흩어져 있었으며 거의 모든 길들이 바다로 이어지고 있었다. 해안선은 그림같이 아름다웠다. 안데르센은 콜린에게 기쁨에 넘치는 편지를 쓸 정도로 환희에 넘쳐 있었다.

그러나 얼마 지나지 않아 안데르센의 생활은 더 나빠졌다. 메이슬링 교장은 안데르센을 죄인 다루는 듯했고 부인은 안데르센의 하숙비가 턱없이 싸다고 불평을 했다. 학교 수업이 끝나면 집 안의 문이 다 잠겼다. 안데르센은 교실에 남아 라틴어 교습을 받거나 아이들과 놀아 주었고 그렇지 않으면 작은 방에 틀어박혀 있어야 했다. 생동감 넘치는 아름다운 도시에서 안데르센은 누구도 만날 수 없었다.

비록 인색하게 굴었지만 메이슬링은 사실 안데르센을 좋은 학생이라고 생각하고 있었다. 메이슬링은 콜린에게 보낸 편지에서 안데르센을, 아름다운 상상력과 따뜻한 품성을 가진 훌륭한 모범 학생이라고 입에 침이 마르도록 칭찬했다.

안데르센은 그런 사실을 알지 못했다. 예민하고 감수성이 풍부한 안데르센은 작은 비판에도 움츠러들었고 좌절감을 느꼈다. 안데르센은 점차 자신이 미쳤다고 생각하기 시작했다. 친구에게 보낸 편지에서 아버지가 집 안에 있던 모든 책을 불태우고 자신에게 구두 수선공이 되라고 했더라면 좋았을 텐데, 그랬다면 미치지도 않았을 텐데, 하며 한탄하기도 했다. 자신의 괴로움 때문에 아무것도 볼 수 없는 사춘기의 소년처럼 안데르센은 자신의 절망에 깊이 파묻혀 있었다.

그는 자신을 생명이 꺼져가는 어린아이라고 생각했다. 안데르센은 〈죽어가는 아이〉라는 한 편의 시를 썼다. 그것은 스스로를 위로하기 위한 시였다. 그 시는 깜짝 놀랄 만한 성공을 거두었다. 그 시가 실린 《비행 통신》이 발행되던 날 밤의 일이었다. 안데르센은 자신에게 시적 재능이 없다고 비난만 하던 사람 집에서 그의 가족과 함께 있었다. 그런데 그 사람이 신문을 들고 집으로 들어왔다.

"오늘 멋진 시가 두 편 실렸어. 하이베르그 시가 틀림없어. 그 사람이 아니면 이렇게 멋진 시를 쓸 수가 없어."

사람들은 안데르센의 시를 읽고 환호했다. 그때 안데르센의 은밀한 팬이었던 그 사람의 딸이 기뻐서 외쳤다.

"하이베르그가 아니에요. 안데르센, 그 시는 안데르센이 쓴 거예요!"

사람들은 갑자기 입을 다물었다. 침묵이 흘렀다. 누구도 안데르센 같은 무명의 젊은이가 그처럼 훌륭한 시를 쓰리라고는 생각하지 못했던 것이다. 안데르센의 〈죽어가는 아이〉는 독일 신문에 실렸고 몇 달 후에 《코펜하겐 포스트》에 원본이 발표되었다. 그리고 그가 쓴 시 중 가장 유명한 시가 되었다.

이 사실을 메이슬링 또한 알게 되었다. 그러나 메이슬링은 그 시를 가져오라고 해서 읽고 난 뒤 이렇게 말했다.

"유치하기 짝이 없군. 이건 쓰레기야."

그런 평가는 안데르센에게 사형선고와도 같았다. 안데르센은 어

느 때보다 자신이 불행하다고 여겼으며 메이슬링 곁에서는 한시도 살 수 없다고 느꼈다. 안데르센은 콜린에게 메이슬링 곁을 떠날 수 있게 해 달라고 간청했다.

다행히 안데르센의 간청은 받아들여졌다. 그는 문법학교를 그만 둘 수 있게 되었다. 안데르센은 이제 자유였다. 마지막으로 메이슬 링에게 인사를 하는 날이었다. 메이슬링은 안데르센을 향하여 여전히 독설을 퍼부었다.

"자네 시가 대단하다고 생각하나? 그 시들은 서점의 마룻바닥에서 곰팡이로 뒤덮일 거네. 자네는 아마도 정신병원에서 일생을 마치겠지."

메이슬링은 안데르센에게 끔찍한 기억으로 남았다. 메이슬링은 그 후에도 오랫동안 안데르센의 꿈속에 나타났다. 안데르센은 그를 자신의 작품에 모델로조차 등장시키지 않았다. 만일 메이슬링이 어떤 교훈을 남겼다면, 그것은 이성에만 의존하는 무미건조한 삶이야 말로 혐오감을 낳는다는 사실이었다. 이것은 안데르센의 〈눈의 여왕〉을 비롯한 수많은 동화의 주제가 되었다.

첫사랑

1827년 봄, 코펜하겐에서는 매일 연극이 공연되었다. 유명 인사들에 대한 소문이 무성했고 상류사회의 번잡한 일상이 들끓고 있었다. 헬싱괴르를 떠나온 안데르센에게 코펜하겐은 너무나 잘 어울리는 도시였다. 안데르센에게 필요했던 것은 무엇보다 '변화'였기 때문이다.

안데르센은 작은 다락방에서 하숙을 시작했다. 그의 작품《그림 없는 그림책》에 나오는 것 같은, 창문이 있는 다락방이었다. 그곳에서는 빨간색 지붕들 위로 성당의 종탑까지 시원스레 내려다보였다. 안데르센은 한밤중에 달빛을 받으며 그곳에서 책을 읽었고, 공부를 하거나 쓰고 싶은 만큼 마음껏 글을 썼다.

　다락방에서 나와 모퉁이를 돌면 왕립극장이 있었고, 몇 분만 더 가면 콜린과 불프의 집이 있었다. 그리고 조금만 더 걸어가면 항구와 바다에 닿을 수 있었다. 안데르센은 새로운 선생님인 루드비에게 라틴어와 희랍어를 배우기 위해 항구 건너편 아마게르 섬을 오갔다. 어떻게 해서든 대학 입학 자격시험에 통과해야겠다고 다짐했기 때문에 수업을 받으러 가는 동안에는 오로지 공부에 대해서만 생각했다. 그러나 돌아오는 길에는 마음껏 시적인 상상을 누렸다. 그것은 〈죽어가는 아이〉의 우울한 이미지와는 다른 밝고 희극적이며 풍자적인 세계였다.

　1828년 9월에 안데르센은 드디어 대학에 합격했다. 입학시험을 보는 즈음에 재미있는 일화가 있다. 시험 전날, 안데르센은 외르스테드의 집 식탁에서 젊은 사람 하나를 보았다. 그는 내성적이었고 안절부절못하는 것 같았다. 게다가 한 번도 본 적 없는 얼굴이었다. 안데르센은 그를 시골에서 막 올라온 사람이라고 생각했다.

　"이번 시험에 나가시나 보죠?"

　"예, 거기 나갈 겁니다."

　그가 웃으며 대답하자 안데르센은 그를 자기와 같은 입시생으로 여겼다. 그들은 시험에 대해 많은 이야기를 나누었다. 다음 날 안데르센은 그 사람을 시험장에서 만났다. 두 사람은 서로가 당황했다. 그 사람은 바로 시험에서 문제를 내는 시험관이자 교수였던 것이다.

대학에 합격하자 루드비 선생에게 수업을 받으러 다니는 동안에 그를 쫓아다녔던 상념과 시상들이 기다렸다는 듯이 쏟아져 나왔다. 그의 첫 작품 《홀멘 운하에서 아마게르의 동쪽 끝까지 도보여행기(이하 도보여행기)》가 탄생했다. 안데르센은 자신의 자서전에서 이 작품을 이상하고 익살스러운 작품으로 일종의 판타지 모음집 같다고 소개했다. 덧붙여서 당시 자신의 개인적인 생각을 비롯하여 모든 것과 함께 즐겁게 놀려 하고 자신의 감정까지도 조롱하려던 기질을 이 작품에서 솔직하게 드러냈다고 말했다.

《도보여행기》는 대단한 성공을 거두었다. 수많은 은유와 문학에 대한 새로운 시선으로 가득 찬 그 작품은 독창적이고 화려했다. 안데르센의 불안과 공상적 기질이 이제 막 빛나는 환상으로 성숙하고 있음을 보여 주는 작품이었다. 또한 기괴하고 부조리한 것에 대한 통찰, 삶과 죽음 간의 갈등, 자기 작품과 시의 가치에 대한 전반적인 회의를 제대로 드러내고 있다는 평가를 받기도 했다.

안데르센은 《도보여행기》의 성공으로 하이베르의 후원을 얻을 수 있었다. 하이베르는 당시 덴마크 문학계에서 누구보다도 확고한 자리를 차지하고 있었던 극작가이자 비평가였다. 그는 어느 잡지에서 이 작품이 독창적이고 우아한 음악적 판타지라고 칭찬했다. 또한 안데르센을 조숙한 작가라고 추켜세우기도 했다.

하이베르의 후원은 안데르센의 오랜 염원을 이루게 했다. 안데르센이 쓴 희가극 《성 니콜라스 탑 위의 사랑》이 1829년 왕립극장에서 상연된 것이다. 이것은 양복장이와 사랑에 빠진 딸을 다른 야경꾼과 결혼시키려는 그의 아버지 이야기이다. 이 작품은 누가 더 좋은 짝이 될지를 관객들의 박수와 환호성에 따라 결정했기 때문에 더 인기가 있었다. 말하자면 관객들을 연극에 끌어들여 상호작용을 하게끔 한 것이다. 그러나 이 작품은 근본적인 결점을 안고 있었다. 〈덴마크 문학 월평〉은 "우리 시대에 더 이상 존재하지 않는 것, 즉 중세 시대의 운명적인 비극을 풍자하고 있다"는 표현으로 이 점을 지적했다.

그러나 안데르센은 시적 도취와 기쁨의 소용돌이 속에 있었다. 동료 학생들은 무대 위에서 공연되는 이 작품을 보고 환호하며 이렇게 외쳤다.

"작가에게 축복을!"

안데르센은 극장에서 거리로 뛰쳐나왔다. 콜린의 집으로 달려갔다. 콜린 부인이 혼자 있었다. 그는 의자에 몸을 던지다시피 쓰러진 채 온몸을 떨며 흐느껴 울었다. 콜린 부인은 동정심이 많은 여자였기 때문에 안데르센을 연민에 가득 찬 시선으로 바라보았다. 안데르센의 작품이 실패했다고 생각한 그녀는 안데르센을 위로하기 시작했다.

"너무 슬퍼하지 말아요. 유명한 시인들도 대개는 야유를 받은 경험이 있답니다."

그러자 안데르센은 흐느끼며 외쳤다.

"아뇨, 아무도 야유하지 않았어요. 사람들이 갈채를 보내며 만세를 불렀어요."

오래전 그를 거부했던 왕립극장에서 안데르센은 보란 듯이 성공을 거둔 것이었다. 코펜하겐에 단신으로 발을 들여놓은 후 10년만의 일이었다.

10월에는 언어학과 철학에서 두 번째 대학시험에 통과했고, 안데르센은 이때부터 스스로를 자유인이라 여겼다. 드디어 창작에만 몰두할 수 있는 자유가 주어졌다. 그는 이제 학문을 내던졌고 그 대신 첫 번째 시집 《시》를 1829년 크리스마스에 출판했다.

안데르센은 코펜하겐에서 다양한 계층의 가족들과도 잘 어울렸다. 매일 저녁 유명 인사들의 집을 찾아가 저녁 식사를 하는 일은 그에게 커다란 즐거움이었다. 월요일은 불프 장관 댁, 화요일은 그의 후원자인 콜린의 집, 금요일은 과학 교사인 외르스테드의 집, 이런 식이었다. 그들 명사들의 집에서 그는 교수나 연극계의 명사들과 편안한 친분 관계를 맺었다.

안데르센은 인기 있는 손님이었다. 어려서 인형극을 하며 놀았던 그에게는 종이로 인형이나 무엇인가 새로운 것을 만드는 비상한 재주가 있었다. 종이를 오려서 춤추는 사람과 창문이 열린 궁전, 즉흥곡에 나오는 피에로, 심장 하나를 바닥에 놔두고 교수대에 매달린 심장 도둑의 모습을 만들어내면 아이들은 아주 즐거워했다.

안데르센의 마음을 가장 많이 사로잡은 곳은 콜린의 집이었다. 외로움과 불안에 떨고 있던 안데르센에게 콜린의 가정은 이상적인 가정의 표본으로 다가왔다. 콜린에게는 다섯 자녀가 있었다. 그들은 단단한 체격에 사각형 얼굴, 그리고 짙은 머리칼을 가지고 있었다. 그들 모두는 전통적인 교육을 마쳤으며 직업적으로도 판사나 의사와 같은 지위를 얻어 성공 가도를 달리는 우수한 재원들로 평가받고 있었다.

안데르센은 세련되고 침착하면서도 상냥한 성품을 가지고 있는 콜린의 자녀들과 서서히 가까워졌다. 그들을 방문할수록 그들 가족의 일원이 되고 싶어졌다. 그러나 콜린의 자녀들은 자기들끼리만 알아들을 수 있는 암시와 농담으로 단단한 유대감을 과시했다. 물론 그들은 친절했다. 하지만 그 친절은 지체가 높은 사람이 아랫사람에게 은혜를 베푸는 듯한 태도에서 나온 것이었다.

셋째 아들인 에드바르 또한 처음에는 다가설 수 없을 정도로 차갑게 대했다. 안데르센은 그가 아주 거만한 사람이라고 생각했다. 에드바르는 네모난 얼굴형과 반듯한 이목구비에 항상 자신감이 넘치는 표정을 짓고 있었다. 예의 바르고 이성적인 기질의 소유자인 그는 한마디로 뛰어난 관료가 될 자질을 갖고 있었다.

안데르센은 에드바르를 가장 좋아했다. 에드바르가 자신과는 달리 현실적이고 이성적이었으며 올바른 판단력을 갖고 있었기 때문이었다. 이따금 안데르센은 지나친 열정으로 물의를 빚을 때가 있었다. 이를 테면 공적인 장소에서 유명 인사들의 눈에 들기 위해 우스꽝스러운 행동을 보이거나, 사교 모임에서 큰 소리로 자기 시를 낭송하곤 했다. 그럴 때마다 에드바르는 질책과 주의를 주었다. 한마디로 그는 안데르센의 충실한 조언자였다.

안데르센은 에드바르의 마음을 얻고 싶었다. 안데르센은 종종 여성보다는 남성에게 이끌리곤 했는데 에드바르는 그 첫 번째 대상이었다. 그러나 에드바르의 마음을 얻으려고 노력할 때마다 그의 차가운 태도에 안데르센은 기가 죽었다. 안데르센은 말보다는 주로 편지를 통해서 자신의 마음을 전하곤 했다.

나는 일찍이 당신 내부의 무언가에 이끌렸으며, 많은 것들에 매료되고 존경심을 느꼈지요. 당신도 내게 관심을 보여 주었고, 나는 그 관심이 더욱 더 커져 당신이 내 친구, 세상에 몇 안 되는 그런 친구가 되기를 바란답니다.

안데르센은 화가인 뢰르뵈와 함께 5월 31일 증기선을 타고 셀란과 윌란 사이의 해협을 건너는 24시간의 긴 여행을 시작했다. 윌란은 모래에 뒤덮인 황무지였다. 무덤과 모래로 뒤덮인 울퉁불퉁한 길이 서로 교차되며 이어지는 황무지의 황막한 풍경이 몇 킬로미터나 계속되었다. 안데르센은 가는 곳마다 《도보여행기》와 〈죽어가는 아이〉의 작가로 알려지게 되어 우쭐해 하기도 했다. 윌란 동부를 지나 퓐의 오덴세에 있는 이베르센 부인 댁에 도착했을 때 그곳에는 에드바르의 편지가 기다리고 있었다. 편지 봉투에는 바로 그가 간절히 바라던 표현인 '당신의 진실한 친구'라는 문구가 적혀 있었다. 안데르센은 답장을 보냈다.

당신이 나에게 '친구'라고 써 준 것은 이번이 처음이군요. 이 사소한 일이 단지 고마울 뿐만 아니라 내게는 그 무엇보다도 소중한 사건이에요. 나는 영혼의 가장 깊은 곳에서 당신에게 끌리고 있으니까요. …… 당신의 답장이 내가 쓴 편지보다 더욱 진실한 마음을 담고 있다는 것을 알아요. 지금 이 순간부터 당신에게 자주 편지를 씀으로써 나는 두 배의 기쁨을 얻을 거예요. 당신이 내 마음을 알아줄 때, 나는 당신에게 자신감을 표현할 겁니다. 그런 뜻에서 일주일에 한 번 당신에게 편지를 보내겠어요. 2주에 한 번은 감히 당신의 답장을 기다려도 될까요?

뮌에서 안데르센은 온 마음을 송두리째 그에게 빼앗겼음을 전하는 사랑의 시를 적어 에드바르에게 여러 번 편지를 보냈다.

전에 말했듯이 내가 당신만을 나의 진정한 친구로 여기며 내 마음이 당신 옆에 가까이 있다는 말을 다시 한다고 해서 놀라지 마세요. 당신에게 이런 말을 직접 하지는 못하겠지만 내가 당신의 한마디 한마디를 너무나 소중히 여긴다는 사실을 당신도 알겠지요. 그러니 제발 나를 밀어 내지 마세요. 그러면 나는 울적해 질 거예요. 무슨 말인지 알겠지요? 신께 바라건대 내가 진심으로 당신을 믿을 수 있기를!

한편, 안데르센은 1830년 여름 코펜하겐에서 함께 공부한 적이 있는 크리스티안 보이그트에게 갑자기 깊은 우정을 느끼게 된다. 크리스티안은 뮌의 남서쪽 해안 항구도시 포보르의 부유한 상인 집안 출신이었다. 안데르센보다 한두 살 아래였던 크리스티안은 친절하고 점잖고 실리적인 성격이었다. 뮌을 여행 중이던 안데르센이 그에게 자신의 도착을 알리자 그는 안데르센을 자기 부모님의 집으로 초대했다. 다음 날 아침 안데르센을 맞이했던 사람은 그의 누이 리보르였다.

리보르는 검은 머리와 큰 갈색 눈을 하고 있는 스물네 살의 처녀였다. 안데르센은 그녀에게 한눈에 빠져들고 말았다. 사려 깊고 침착한 그녀의 모습은 토마스 만의 소설 《브덴부르크 가의 사람들》 속에서 막 걸어 나온 사람 같았다.

"어서 오세요. 안데르센 씨."

리보르는 잘 알고 있다는 투로 안데르센을 맞이했다.

"어떻게 제 이름을?"

"크리스티안이 말해 준 걸요. 게다가 당신은 유명한 작가이시잖아요."

유명 작가라는 말에 얼굴이 붉게 달아올랐으나 안데르센은 으쓱한 기분을 감출 수가 없었다.

"당신의 시와 《도보여행기》를 저는 이미 읽어 보았답니다."

리보르는 뺨이 불그레해진 채 위대한 작가를 바라보듯 안데르센을 바라보았다. 그녀의 얼굴은 명랑하고 활기에 넘쳐 보였다. 경건하고 사랑스러운 얼굴 속에서 두 눈만이 갈색으로 빛나고 있었다. 안데르센은 리보르의 얼굴에서 눈을 떼지 못한 채 물었다.

"크리스티안은 어디 있죠?"

"그는 침대에 있어요. 크리스티안에게 지금 이 시간은 한밤중이랍니다."

리보르의 말에 안데르센은 웃었다. 포보르에서 지내는 며칠 동안 안데르센은 크리스티안 가족과 배를 타거나 산책을 했으며 파티에도 참석했다. 춤추기를 무척 좋아한 리보르는 안데르센이 춤을 추지 않는다는 말을 듣고 함께 앉아 있기만 했다.

"다음에 쓸 소설의 여주인공 이름을 정했어요."

안데르센이 귀에다 대고 속삭이자 리보르는 두 눈을 반짝였다.

"바로 리보르예요."

춤곡이 한 곡 끝나자 리보르는 안데르센에게 시를 한 편 달라고 말했다. 안데르센은 즉석에서 〈경고〉라는 제목의 희극 시를 한 편 지어서 주었다. 한 시인이 약혼녀에게 자신의 모든 시를 칭찬하지 않는다면 약혼을 파기하겠다고 말하는 내용이었다.

그러나 안데르센은 숙소로 있는 여인숙에서 리보르가 그 지방 약제사와 사랑하는 사이이며 비밀리에 약혼했다는 슬픈 소식을 들었다. 8월 10일 오덴세로 돌아왔을 때 이베르센 부인의 손녀인 행크 자매는 안데르센이 사랑에 빠졌음을 느꼈다. 행크 자매는 사랑에 빠진 안데르센을 놀려 댔다.

다시 코펜하겐으로 돌아온 안데르센은 크리스티안에게도 똑같이 마음을 빼앗겼다. 그것은 안데르센만의 기이한 연애 방식이었다. 그는 여인과 사랑에 빠질 때면 마음을 줄 두 사람, 즉 남자 한 명과 여자 한 명을 동시에 필요로 했다. 리보르를 향한 사랑에 빠져 비탄에 잠긴 안데르센은 크리스티안을 찾아가 리보르에 대해 이야기하는 것이 낙이었다. 슬프고 비통한 감정 속에서 그는 크리스티안을 누구보다 가깝게 느끼는 것이었다.

안데르센이 사랑하는 방식은 특이했다. 그는 삼각관계를 통해서 육체적 열정보다는 자신의 갈망을 표현하는 것을 더 좋아했다. 그가 이성과의 연애를 미리 계획한 적은 결코 없었다. 또한 여성과의 관계를 단지 동성 간의 만남을 위한 통로나 남성과의 애정 관계를 감추기 위한 수단으로 여긴 적도 없었다. 하지만 이성과의 연애는 남성과의 절친한 관계를 맺을 수 있는 방패가 되었고, 훗날 안데르센이 남성들과 좀 더 열렬하게 관계를 맺도록 길을 열어 주었다.

그해 10월 리보르가 코펜하겐으로 왔다. 리보르는 몇 주간 머무는 동안 안데르센을 찾았다. 오랜만의 대면은 어색했다. 안데르센은 월터 스콧의 소설 《래머무어의 신부》를 가극으로 만드는 중이었는데 그중에서 연인의 대화를 리보르에게 읽어 주었고 사랑의 시를 몇 편 써 주었다. 훗날 그 시들 중에서 〈내 생각에 대한 생각〉과 〈갈색 눈동자〉에 작곡가 그리그가 곡을 붙였다.

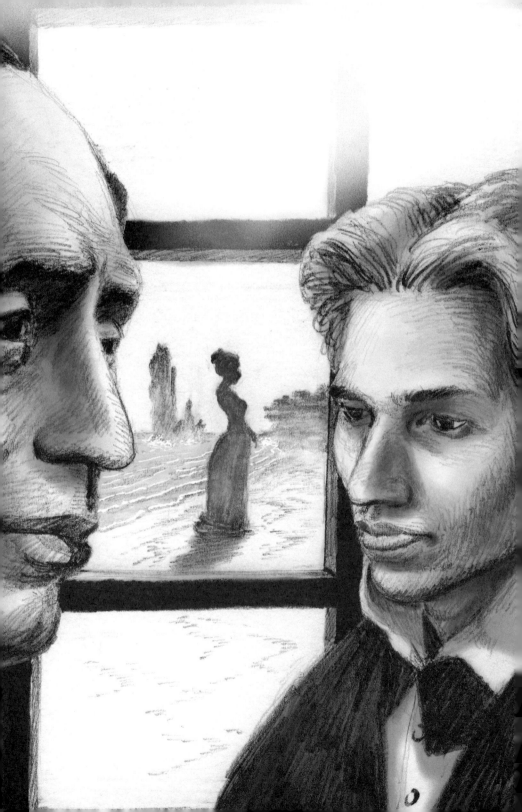

나는 보았네, 갈색 눈동자를
거기에 나를 위한 안식처와 온 세상이 있었네
어린아이 같은 평화와 선량함으로 빛나는 그 눈을
삶이 계속되는 날까지 영원히 잊지 못하리

안데르센은 어느 날 저녁 리보르의 손에 입을 맞추면서 마음속으로 자신이 그녀를 사랑한다고 확신했다. 리보르가 가고 난 뒤 그는 크리스티안을 찾아갔다. 그는 크리스티안 앞에서 격렬히 흐느꼈다.

"난 리보르를 진정으로 사랑한다네."

크리스티안은 어깨를 다독이며 그를 위로했다.

"상심하지 말게나. 리보르도 자넬 좋아하고 있어."

다음 날 안데르센은 로얄 호텔로 리보르를 찾아갔다.

"리보르, 저와 결혼해 주겠소?"

리보르는 아무 말도 하지 않았다.

"저를 믿지 않습니까? 저도 얼마든지 돈을 벌 수 있습니다."

검은 머리 아래의 갈색 눈동자가 은은하게 빛났다. 그녀의 성스러운 얼굴에는 은은한 미소가 감돌고 있었다.

"전 이미 약혼을 한 몸인 걸요."

"하지만 당신도 날 좋아하지 않소?"

"그건 그렇지만……."

"만일 내가 가난해서 그런 거라면…… 까짓 글쓰기를 포기하면 되죠."

"안데르센, 그건 말도 안 돼요."

리보르는 펄쩍 뛰며 말했다.

"왜요? 무슨 일을 해서든 나도 가족을 부양할 수 있단 말입니다. 내일 아침 10시까지 내가 당신이 묵고 있는 숙소로 찾아 가겠소. 그때까지 일자리를 알아보겠소. 만일 내가 나타나지 않는다면 내가 글쓰기를 포기하지 못한 걸로 생각해요."

그렇게 말하고 난 뒤 안데르센은 호텔에서 나왔다. 집으로 걸어오는 도중에 안데르센은 계속 일자리를 얻자는 생각에 매달렸다. 지독한 두통이 몰려왔다. 어느 순간 갑자기 눈앞이 핑 돌더니 안데르센은 그 자리에서 쓰러졌다. 어떻게 깨어났는지 몰랐다. 주변에는 대여섯 명의 행인이 안데르센을 지켜보고 있었다. 그는 자리에서 일어나 간신히 집으로 돌아온 뒤 깊은 잠에 빠졌다. 다음 날 아침 일어났을 때 시간은 이미 10시가 넘어 있었다.

당신은 정말 다른 남자를 사랑합니까? 만약 당신이 하느님과 구세주만큼 그를 사랑하지 않는다면 저를 불행하게 하지 마세요! 당신만 있으면 저는 무엇이든 될 수 있습니다. 저에겐 오로지 당신 생각뿐이며 당신은 내 전부입니다. 한 시인의 심장이 다른 누구보다도 더 강하게 뛰고 있습니다.

당신이 진정으로 다른 사람을 사랑한다면 저를 용서해 주십시오. 두 사람의 행복을 진심으로 바랍니다. 그리고 당신을 결코 잊지 못할 이 사람을 잊어버리세요.

안데르센은 편지를 써서 크리스틴을 통해 리보르에게 전달했다. 안데르센의 편지는 모호했다. 리보르의 사랑에 대한 갈망과 체념이 동시에 담겨 있었다. 한마디로 모순이었다. 무엇보다도 그 편지는 리보르가 자신의 약혼을 파기할 만한 강한 동기를 부여해 주지 못하고 있었다. 리보르는 코펜하겐에서 머무는 마지막 날인 다음 날 저녁 극장 밖에서 작별인사를 했다. 그리고 다음 날 아침 안데르센은 짧은 편지를 받았다.

안녕, 안녕! 크리스티안에게 당신이 예전처럼 평온하고 만족스럽게 생활한다는 이야기를 곧 듣게 되길 바랍니다.

— 당신의 진실한 친구 리보르

안데르센은 고통스러웠다. 그러나 그는 사랑을 잃고 실의에 빠진 연인의 역할을 즐겼다. 그는 사랑을 잃은 고통에 탄식하는가 하면 리보르와의 관계는 그다지 심각한 것이 아니었다는 투로 말하기도 했다.

리보르는 4월에 결혼했다. 안데르센은 2주 후 친구들과 저녁을 먹으면서 그림을 하나 그렸다. '시인'이라고 새겨진 추모의 십자가 아래에 칠현금, 가면, 월계관, 시집 한 권과 약혼 반지가 놓여 있는 그림이었다. 성난 모습의 자화상을 그리기도 했다. 그림 속에서 안데르센은 유리병에 갇혀 있다. 날개를 단 천사의 모습으로 머리 위를 떠다니는 리보르에게 닿기 위해 팔다리를 병의 가장자리와 주둥이 쪽으로 필사적으로 뻗고 있는 모습이었다. 그것은 자신의 감정과 예술에 속박되어 여인과 관계를 맺을 수 없는 안데르센을 나타내 주고 있다.

안데르센은 점차 실의에 빠져들었다. 창작에 좌절을 느끼고 자신이 약제사의 아들보다 못하다는 자격지심에 빠졌다. 그는 점차 우울증에 빠져들었다. 자신의 재능이 한낱 자기기만에 지나지 않다고 여겼다. 그는 멀리 달아나야겠다고 생각했다. 그는 도피처를 찾아 여행을 떠났다. 첫 번째 외국 여행인 독일 여행은 이렇게 계획되었다.

부조리한 감정, 동성애

19세기 초 유럽의 젊은이들은 18세기 후반부터 시작된 낭만주의에 열광하고 있었다. 괴테의 《젊은 베르테르의 슬픔》에서 젊은 베르테르가 보여 주고 있는 청년기의 고뇌, 하이네의 애수에 찬 서정시, "인간은 오로지 아름다움을 통해서만 자유로이 움직인다"라고 표현한 실러의 글 등이 젊은이들의 마음을 두드리고 있었다. 신비주의, 어두운 분위기의 자기 성찰과 고독, 감정의 중요성, 예술가 자신의 본능 등이 낭만주의 예술의 중심을 차지했다. 안데르센은 본능적으로 이러한 예술관에 끌렸다. 1831년 안데르센의 독일 여행은 바로 이러한 낭만주의에 대한 심취에 다름 아니었다.

여행은 5월의 어느 날 시작되었다. 안데르센은 희망에 가득 차 있었으나 한편으로는 두려움에 떨기도 했다. 당시에는 뱃멀미라든가 난파 가능성 등 여행에 동반되는 어려움이 많았기 때문이었다. 코펜하겐에서 증기선에 몸을 싣고 독일의 트라베뮌드에 도착했을 때 그는 완전히 지친 상태였다. 게다가 치통으로 그의 기분은 엉망이 되어 있었다.

함부르크와 알토나를 지나 안데르센은 독일 낭만주의의 중심부를 향한 순례에 빠져들기 시작했다. 서른세 시간 동안 여섯 사람이 먼지와 열기에 뒤덮인 채 끔찍한 길 위를 덜컹거리며 지나가는 좁은 마차를 견뎌야 했다. 하르츠 산맥에 당도하여 고슬라를 시작으로 괴테가 《파우스트》에서 인용한 전설로 유명한 최고봉 브로켄을 지나 아이슬레벤에 이르는 도보 여행을 시작했다. 브로켄 정상에서 안데르센은 짧은 시 한 편을 남겼다.

구름 위에 내가 서 있네
내 마음이 고백하기를
하늘에 조금만 더 가까이 다가가면
그녀의 손을 잡을 수 있을 것 같아

그곳은 전형적인 낭만주의의 땅이었다. 숲 속의 언덕과 계곡, 폭포와 동굴, 나무 위로 솟아난 나무들은 장엄하고 아름다운 모습이었다. 그것은 평평한 덴마크 지형과는 전혀 달랐다. "오, 여행, 여행…… 세계가 내 집 같다. 나는 이 집에서 마음껏 뛰어놀 것이며 그래야만 한다!" 흥분한 안데르센은 이와 같은 낭만적 외침을 매일 일기에 적어 놓았다.

여행은 드레스덴으로 계속 이어졌다. 그곳에서 안데르센은 동화 작가인 티크를 찾아갔다. 티크는 낭만주의 시각에서 신비한 민족성과 보통 사람들의 서민적인 목소리를 구체적으로 표현한 작가였다. 그의 작품은 전래동화와 민속 문화를 새롭게 조명한 것이었다. 티크는 작별할 때 안데르센이 시인으로 성공하기를 기원한다며 포옹하고 키스했다. 안데르센은 그와의 만남에 깊은 감화를 받았다.

안데르센은 수많은 곳을 돌아다녔다. 그는 여행에서 새로운 것에 눈을 떠가는 젊은이였다. 드레스덴은 수많은 첨탑과 둥근 지붕을 드러내며 맑은 대기 속에 누워 있었다. 밤공기에는 자스민 향이 실려 있었고 멀리 테라스에서는 음악이 흘러나왔다. 강물은 거울처럼 다리를 그대로 비추었다. 그해의 첫 딸기를 먹었고 차가운 아이스크림을 맛보았다. 어디를 가든 사람들은 있었다. 남자 그리고 여자. 안데르센은 그들의 아름다움과 추함에 관심을 보였다. 노르웨이 화가 요한 달과 함께 미술관을 다니기도 했다. 그는 이탈리아의 걸작품 가운데 라파엘로의 〈성모상〉을 가장 좋아했다.

낭만주의적인 풍경과 예술에 대한 흥분 속에서도 안데르센은 자신의 내적 번민을 잠재울 수 없었다. 그는 크리스티안에게 리보르에 대한 편지를 썼다.

더 이상은 그녀를 사랑하지 않아요. 그래요. 하지만 지금은 리보르에 대한 기억이 나를 더욱 괴롭히는군요. 텅 빈 것 같은 이 공허함. 크리스티안, 지금 내 마음이 어떤지 결코 모를 거예요.

베를린에서는 함부르크에서 온 에드바르의 편지가 그를 기다리고 있었다.

제가 설명하고 싶은 것은 서로 '너'라는 호칭으로 부르는 문제에 대한 저의 느낌이며, 당신에게 이 점을 분명히 해 두고 싶습니다. (……)
도대체 우리 둘의 관계에서 이런 변화가 왜 필요한가요? 다른 사람들에게 우리의 우정을 내보이기 위한 것인가요? 우리 두 사람 모두에게 불필요하며 전혀 중요한 문제가 아닐 것입니다. 지금 이대로의 우리 관계가 불편하고 유익하지 않기 때문입니까? 그렇지 않다면 왜, 본질적으로 중요하지 않고, 제가 싫어하는 새로운 방법으로 다시 시작하는 겁니까? (……)

이 이야기는 더 이상 하지 맙시다. 우리 두 사람 다 잊어버리길 바랍니다. 당신이 돌아올 때쯤 저는 윌란에 있을 것입니다. 겨울이 올 때까지는 서로 만나지 못하겠지요. 당신의 요구에 화가 나는 것을 어쩔 수가 없습니다. 당신을 오해하지는 않습니다. 그리고 당신도 저를 오해하지 않기를 바랍니다.

에드바르의 편지는 안데르센에게 엄청난 충격이었다. 에드바르는 안데르센이 처음으로 친밀한 관계를 맺고자 했던 남성이었다. 그런데 그 시도가 좌절된 것이다. 에드바르의 너무나 단호하고 논리적인 어조는 안데르센으로 하여금 자신이 미쳤을지도 모른다는 두려움을 갖게 하였다. 안데르센은 그 어느 때보다도 외로웠다. 그 감정을 그대로 드러내기가 두려운 나머지 그는 뒷걸음쳤다.

네, 정말이지 나는 당신을 형제같이 사랑합니다. 한 줄 한 줄 당신의 글에 감사해요. 절대로 당신을 오해하지 않으며 슬프지도 않습니다. 왜냐하면 당신이 그토록 솔직하게 내게 마음을 열어 보였기 때문이죠. 내가 당신 같은 성품이나 인격을 지녔더라면! 아! 나는 여러 가지 면에서 당신보다 훨씬 못난 사람이에요. 그러니 제발 언제나 지금의 당신 그대로, 진실하고도 가장 정직한 나의 친구로 남아 주길 바랍니다. 나에게는 그런 사람이 정말 필요해요.

안데르센은 6월에 덴마크로 돌아왔다. 머릿속으로 구상했던 작품을 완성하여 9월에 발표했다. 독일 문화와 만난 흥분과 동화에 대한 관심이 드러나는 그의 새 책은 반응이 좋은 편이었다. 그 후 안데르센은 돈을 벌기 위해 시집, 가극 대본, 대본의 덴마크 번역 등 여러 가지 일에 매달리는 한편, 남성들에게 점점 더 간절한 사랑의 편지를 쓰고 감정적 열망을 쏟아 부었다.

에드바르가 단호히 거절했는데도 안데르센은 그에 대한 감정에서 벗어나지 못했다.

내가 얼마나 당신을 그리워하는지, 친애하는 콜린, 2층의 아름다운 그 작은 방에서 당신과 단둘이 진심 어린 사랑과 우정의 대화를 나누기를 얼마나 바라는지.

이것은 8월의 편지였다. 또 11월에는 이렇게 썼다.

당신을 정말 좋아해요. 아마 당신이 생각하는 것보다 훨씬 더 그럴 거예요. 내 영혼이 전부 당신에게 매달려 있어요. (……) 두려워하지 마세요. 내가 과묵한 편은 아니지만 내 자신에 관한 이야기를 하고 다니지는 않을 거예요. (……) 모든 것을 당신에게 다 털어놓을 수만 있다면 얼마나 좋을까요.

알코올 중독으로 죽어가는 어머니를 오덴세에서 만나고 왔을 때 안데르센의 외로움은 깊어졌다. 어디에도 의지할 곳이 없다는 생각이 들었다. 그는 다시 에드바르에게 콜린 집안을 자기 가족으로 생각해도 되는지 묻는 편지를 썼다.

그러나 이런 편지를 보낸 지 얼마 안 되어 안데르센은 다른 청년에 대한 사랑의 감정에 빠졌다. 안데르센이 퓐에서 사업가 방에게 초대되어 셸란의 뇌라게르 지방으로 갔을 때의 일이었다. 거기에는 사업가의 두 딸 엠마와 이다 그리고 다른 젊은 손님들도 함께 있었다. 그 손님들은 바로 에드바르와 곧 약혼할 여자의 언니인 미미 튀베르와 신학생 루드비 뮐러였다. 루드비는 곱슬머리에 큰 갈색 눈을 하고 도톰한 입술을 지닌 예민하고 열정적인 모습을 한 청년이었다.

안데르센은 루드비를 보자마자 마음을 빼앗기고 말았다. 방의 영지에 있는 아름다운 별장에서 파티가 열렸는데 두 사람 사이에 낭만적인 우정이 싹트기에는 더할 나위 없는 환경이었다. 8월 말이 되어 루드비가 떠나자 안데르센은 그에게 편지를 띄웠다. '너무나 사랑하는, 사랑스러운 사람'이라는 말로 시작되는 편지였다.

당신은 아마 날 비웃겠지만, 나는 너무나 끔찍이 당신이 그립습니다. (……) 당신을 좋아합니다. 나의 형제처럼. 당신은 내가 상상하는 그대로의 모습으로 언제나 내게 남아 있을 것입니다. 친구로서의 신뢰를 잃을까 봐 두려워 마세요. 이런 경우에는 평소 내 자신과 전혀 다릅니다. (……) 나는 이상한 사람입니다. 내 감정은 너무 빨리 나의 모든 것을 빼앗아 달아나 버리고 나에게는 불행만 남습니다. 지난밤 작은 방이 얼마나 텅 빈 것 같던지! 그래서 당신이 쓰던 방으로 가서 침대를 보며 혼자 서성거렸습니다. 너무 슬퍼서 잠을 이룰 수 없었습니다. 아, 루드비, 제발, 제발 와 주세요. 그러면 당신을 사랑하지 않을게요. 당신이 가장 바라는 대로! 그럼 돌아올래요? 나는 지금까지 사귄 사람들 중에서 에드바르와 당신을 가장 좋아합니다. 만약 이상한 느낌이 든다면 당신 말처럼 내가 괴짜라는 걸 기억해 주세요.

안데르센은 엠마, 이다, 미미와 내기를 했다. 루드비가 답장을 주면 자신의 머리카락을 뽑아 주겠다고 했다. 사실 안데르센은 루드비가 답장하리라는 기대조차 하지 않았던 것이다. 그러나 세상에 이럴 수가! 루드비가 답장을 보내왔다.

당신이 내게 얼마나 소중한지 (……) 당신 생각을 자주 합니다. 머지않아 분주한 도시에서 당신과 만날 날을 어린아이처럼 고대합니다. 그곳에서 우리는 신의 자유로운 섭리 안에서 싹튼 이 꽃을

지키고 돌보면서 강하고 아름답게 키워나갈 것입니다. 그리고 이 고통과 어떻게 싸워나가야 할지도 나는 압니다. 당신 또한 그러기를 바랍니다. 그럴 수 있다는 게 사실 아닌가요? '시도하지 않는 사람은 지배할 수 없다'는 말을 기억하시기 바랍니다.

안데르센은 엠마와 이다 그리고 미미에게 머리카락 두 줌을 뽑아 주었다. 얼마든지, 머리카락 전부라도 기꺼이 뽑아 줄 작정이었다. 안데르센이 사랑의 답장을 받아 본 것은 처음 있는 일이었던 것이다. 그는 환희에 가득 차서 답장을 썼다. 이례적으로 자신의 이름을 크리스티안이라고 썼으며 그 내용은 지극히 직설적이었다.

당신이 나를 이렇게 이해해 주고 나의 사랑에 답해 주리라고는 믿지도 바라지도 않았습니다! (……) 당신은 나의 영혼을 신뢰와 자신감으로 채워 주었습니다. 아, 말로 표현할 수 없으리만치 당신을 사랑하고 있다는 것을 어떻게 하면 당신에게 말할 수 있을까요. (……) 당신은 나와 가장 친밀하며 말할 수 없이 가까운 사람입니다. (……) 만약 그럴 수 있다면, 물론 없겠지만 몇 시간 안으로 당신께 달려갈 것입니다. 당신이 너무나 그리워요. 신의 이름으로, 제발 나를 대하는 당신의 마음이 영원히 그대로이길 바랍니다.
— 당신의 크리스티안

안데르센이 막 답장을 부치려 할 때였다. 미미가 진실을 털어놓았다. 루드비가 보내왔다고 믿었던 그 편지는 미미가 장난으로 위조한 것이었다. 안데르센이 너무나 기뻐하는 모습을 보자 미미는 차마 사실을 털어 놓을 수 없었다. 그러나 답장을 부치는 모습을 보면서 미미는 더 이상 미룰 수가 없다고 생각했다.

미미의 입에서 진실이 이야기되는 순간, 안데르센은 가슴 벅찬 기쁨의 순간에서 가장 처절한 고통 속으로 가라앉아 버리는 것을 느꼈다. 꿈이 산산조각 나는 순간이었다. 하지만 안데르센은 자신의 꿈을 놓을 수 없었다. 그는 루드비에게 쓴 답장을 미미가 쓴 편지, 그리고 그가 사실을 확인하기 위해 쓴 또 다른 편지와 함께 동봉하여 부쳤다.

다행히 안데르센은 이 일로 인한 상처로부터 비교적 빨리 회복되었다. 안데르센이 살고 있던 19세기 전반에는 남성들끼리 사랑의 편지를 주고받는 감상적 우정이 흔한 일이었다. 안데르센은 자신의 감정을 이러한 맥락에서 이해하고 있었다. 그는 남성 간의 우정과 이성 간의 성애를 확실히 구분하지 못했다. 그가 여성들을 향해 보이는 우정은 따뜻하고 지적이며 담백했다. 그러나 남성들과의 우정은 보다 양면적이었다. 그는 남성들과의 관계에서는 언제나 여성스러웠다. 그는 남성들에게 본능적으로 끌리는 자신의 감정을 무시할 수가 없었다. 대부분의 남성들은 그러한 우정을 탈피

해 결혼을 했다. 그러나 안데르센의 경우 그것은 평생 지속된 여러 남성에 대한 동성애적 갈망과 집착의 시작이었다.

안데르센의 편지에는 욕망이 절반만 표출된 어두운 분위기, 신중하겠다는 약속, 사적인 고백 등이 얽혀 들어 있었다. 반면 현실 세계에서는 실현하지 못한 갈망에 고독을 느끼며 자주 좌절에 빠져 들었다.

1832년 가을 코펜하겐으로 돌아온 안데르센은 요나스 콜린의 어린 딸, 열여덟 살의 루이제 콜린에게 관심을 돌렸다. 그녀는 콜린의 자녀들 가운데 유일하게 안데르센에게 호의적이었다. 그녀는 리보르의 일을 알고 있었고 연민을 갖고 안데르센을 대했다.

"내게 친절히 대해 주고 특히 요즘 들어 누이같이 따뜻한 마음을 베풀어 주어 고마워요. 내게는 그 마음이 정말로 소중하답니다. 당신이 생각하는 것 이상으로, 또는 상상하는 것보다 더 많이 당신을 생각하고 있어요. 하지만 어린 숙녀에게 감히 그런 말을 해서는 안 되겠지요."

루이제와의 사랑은 결코 이루어질 수 없었다. 그러나 안데르센은 불행한 사랑에 대해 낭만적인 환상을 갖고 있었다. 그는 루이제에게 빠져들었다. 콜린 가족이 이를 모를 리 없었다. 루이제의 큰언니 잉게보르가 안데르센이 루이제에게 보내는 편지를 읽었다.

안데르센 또한 이 사실을 알았다. 그러나 자신의 연애를 지켜보는 관객이 있다는 사실은 그에게 도리어 즐거움이 되었다.

안데르센에 대한 루이제의 감정은 동정이었다. 그가 살아오면서 겪었던 온갖 어려움에 대해서 그녀는 안타까워했다. 안데르센은 자신이 쓴 자서전 《내 인생의 기록》 원고를 루이제에게 건네주었다. 더 깊이 이해받기 위해서였다. 어린 시절, 학생 시절, 그리고 코펜하겐에서 겪었던 고난의 시간들, 그것은 안데르센이 상류층 문화에 순응해 가는 고통스러운 과정의 기록이었다. 그러나 루이제는 아무 반응이 없었다. 그녀는 안데르센을 동정할 수는 있었지만 공감하고 사랑할 수는 없었다. 그녀는 안락한 귀족 집안에서 자랐기 때문이었다. 게다가 그 자서전에는 여러 쪽에 걸쳐 리보르에 대한 언급이 있었다. 루이제에 대해서는 눈에 띄지 않는 어린아이였다는 한 줄의 언급이 있을 뿐이었다. 안데르센은 이 사실을 의식하지 못했다. 그는 크리스마스까지 루이제에게 흥분에 가득 찬 편지들을 띄우고는 극적인 반응을 기대했다.

1833년 새해 첫날, 모든 일은 마무리되었다. 콜린의 가족이 루이제와 젊은 관료 린의 약혼을 서둘러 발표했던 것이다. 안데르센의 관심은 이제 그가 가장 오랫동안 열정을 품었던 에드바르에게로 다시 돌아왔다. 그는 새로운 시집 《그 해 열두 달》을 에드바르와 뮐러 두 사람에게 열정적인 헌사를 써서 주었다. 그러나 이 시집은 좋은 평을 얻지 못했다. 안데르센을 오랫동안 지지했던 잉게만마저도 냉혹하게 비평했다. 잉게만은 편지에 다음과 같이 썼다.

당신이 시인으로 성장하는 데 가장 방해가 된 것은 당신 자신이오. 당신은 지나친 자신감과 어린아이 같은 감정으로 당신 스스로를 변덕스럽고 말 많은 청중들이나, 텅 빈 사교계의 연못 속으로 던져 넣었단 말이오. 중요한 것은 당신이 진정으로 무엇을 원하는지, 무엇을 할 수 있는지를 아는 것이라 생각하오. 영예에 대한 관심은 덜어내고 시 그 자체에 더 많이 관심을 쏟으시오. 황금 알을 한꺼번에 얻겠다고 거위의 배를 가르지 마세요.

안데르센의 삶은 최악이었다. 에드바르는 그와 달리 화려한 출세를 눈앞에 두고 있었다. 그는 왕실 기금 재단의 비서로 임명이 되었고 약혼을 했다. 콜린의 가족은 이제 안데르센이 떠나 주기를 바라고 있었다.

안데르센은 여행 지원금을 신청했다가 퇴짜를 당했다. 안데르센은 여행 경비를 지원받으려면 왕에게 책을 건네줄 때 짧고도 분명히 기억하게 해야 한다는 충고를 받았다. 마침내 국왕 프레데릭 6세 앞에 섰다. 안데르센은 충고대로 했다. 가슴이 쿵쾅쿵쾅 뛰었다. 안데르센이 국왕에게 책을 보낸다고 했던 청원이 받아들여져서 이루어진 만남이었다. 국왕은 무슨 책을 주려 하느냐고 물었다.

"시의 순환입니다."

"순환? 순환이라…… 그게 무슨 뜻이지?"

갑작스런 질문에 안데르센은 당황해서 쩔쩔맸다. 그러나 곧 대답했다.

"덴마크에 바치는 시입니다."

그러자 국왕은 미소를 지었다.

"좋아 좋아. 아주 좋군, 고마워!"

국왕은 고개를 끄덕이고는 알았다며 가보라고 했다. 하지만 안데르센은 자신이 대학생이라는 얘기와 어떻게 해서 여기까지 오게 됐는지 등을 모두 말했다.

"칭찬받아 마땅할 만큼 훌륭하군."

드디어 여행 지원금 이야기가 나올 차례였다. 국왕은 안데르센에게 충고를 해 준 사람이 예측했던 말을 그대로 했다.

"그래, 내게 청원할 게 있으면 해 보게."

안데르센은 기뻐서 소리를 질렀다.

"예. 폐하! 청원할 게 있습니다! 하지만 청원을 하려고 일부러 책을 바친 것 같아 황공할 뿐입니다. 하지만 사람들이 이렇게 해야 한다고 말해서 여기까지 왔습니다만, 저는 이런 경험이 없어서 황공하고 죄송할 뿐입니다. 폐하!"

왕은 껄껄 웃고는 친근하게 고개를 끄덕였다. 이렇게 해서 안데르센은 여행 경비로 1년 동안 600릭스 달러를 지원받게 되었다.

스물여덟 살의 안데르센에게 2년간의 유럽 여행이 주어졌다. 그는 살아남기 위해, 사랑을 찾기 위해, 또 예술가로 성장하기 위해 여행을 떠나야 한다고 느꼈다. 1833년 4월 22일 안데르센을 태운 배는 도시의 뾰족한 첨탑들을 남겨둔 채 코펜하겐으로부터 멀어져 갔다. 콜린 가족과 엠마, 이다 그리고 루드비 등 많은 사람들이 그에게 손을 흔들어 주었다.

여행, 자신에 대한 새로운 발견

파리는 유럽의 중심지다웠다. 안데르센은 웅장하고 거대한 도시의 규모에 압도되고 말았다. 서른 개의 샹들리에와 초를 여러 개 꽂을 수 있게 가지가 달린 촛대들을 갖춘 오페라 극장 또한 안데르센을 매료시켰다. 첫날, 여행의 노독을 풀기 위해 호텔에서 잠깐 잠이 든 그는 천둥이 치는 소리에 놀라 일어났다. 창문으로 내려다보니 사람들이 맞은 편 건물에서 우르르 몰려나오고 있었다. 혁명이 일어났다고 생각했다. 허둥지둥 벨을 누르고 웨이터를 불러 어떻게 된 거냐고 물었다. 웨이터가 대답했다.

"세 르 토네르!"

알아들을 수가 없었다. 옆에 있던 여종업원이 거들었다.

"르 토네에르!"

안데르센이 알아듣지 못하는 얼굴을 하자 두 사람은 혀를 더 돌돌 말아 고함을 질렀다.

"토네에에에르르르!"

알고 보니 천둥번개였다. 안데르센은 천둥소리에 놀라서 깨어 일어났던 것이고 사람들이 나오던 건물은 희가극 극장이었는데 안데르센이 창문을 열고 바라보았을 때 마침 연극이 끝나 사람들이 우르르 몰려나왔던 것이다. 안데르센이 파리에서 겪은 첫 번째 소동이었다.

파리는 자유분방한 도시였다. 청교도적인 성향을 갖고 있는 안데르센은 그런 파리를 이해할 수 없었다. 그에게 파리는 곧 하늘 아래 가장 외설적인 도시, 대낮에 멀쩡한 거리에서 어린 소녀들이 매춘을 하는 도시, 예절 따위는 신경도 쓰지 않고 음란하고 색정적인 이야기에 몰두하는 도시로 인식되었다.

안데르센은 파리의 작가들과도 친분을 맺고 싶었다. 그는 빅토르 위고를 방문하여 자필 서명을 청했다. 《파리의 노트르담》으로 이미 유명해져 있는 위고는 잠옷과 속바지 그리고 우아한 모닝부츠 차림으로 안데르센을 맞이했다. 그리고는 종이의 맨 위쪽에 서명을 해 주었다. 자기 이름 위쪽에 다른 글귀를 써 넣지 못하게 하려는 의도였다. 안데르센은 기분이 상했다. 안데르센이 흠모했던 하이네도 만났다. 안데르센은 감격했지만 자격지심 때문에 가까이 하지 못했다.

고향에서 두 달 만에 우편물이 하나 왔다. 그것은 수신자 부담의 신문이었다. 거기에는 안데르센에 대한 노골적인 야유가 담긴 풍자시가 실려 있었다. 누가 썼는지 알 수 없었지만 안데르센은 마음 깊이 상처를 받았다. 안데르센은 에드바르에게 편지를 보냈다.

아, 에드바르, 너무나 외로워요. 당신에게는 약혼녀 예테와 형제자매들이 가까이에 있지만 나에게는 아무도, 이곳에는 정말 아무도 없어요. 한 달 내내 당신은 내게 고독을 안겨 주는군요.

한 달 만에 에드바르가 답장을 보내왔다. 거기에는 다정한 우정의 고백이 담겨 있었다.

당신이 작가로 활동하는 동안 나는 충실하게 당신의 기쁨과 고뇌를 같이 나누었습니다. 비록 그렇게 보이지 않았던 적이 여러 번있었지만 말입니다. 열정적이지 못한 내 성격상 사람들이 당신을 어떻게 대하는지에 대해서 당신과 항상 의견이 같지는 않았기 때문입니다. 안데르센, 내 손을 잡으세요. 우리는 오랜 친구입니다.

에드바르의 편지가 안데르센에게 용기와 힘을 주었다. 그는 에드바르에게 연정을 가득 담아 편지를 보냈다.

에드바르, 당신이 너무나 그리워요! 이별이 나의 우정을 사랑으로 바꾸어 놓은 것 같아요.

그리고 곧이어 보낸 또 한 통의 편지에서도 안데르센의 연정은 이어지고 있었다.

에드바르, 당신은 나의 영원한 사랑이에요. 당신의 예테도 나보다 더 당신을 사랑할 수는 없을 겁니다.

안데르센은 이제 이탈리아를 향해 출발했다. 처음 도착한 곳은 스위스 북서부 지역의 작은 도시, 르 로클이었다. 그곳에서 시계 제조인 율스 휘리에트의 손님으로 머물렀다. 파리에서 시작한《아크네트와 인어》의 두 번째 부분을 그곳에서 써 나갔다.《아그네트와 인어》는 덴마크 민요를 바탕으로 한 시였다. 불가사의한 힘에 이끌려 바다에 매혹된 한 소녀가 헤밍이라는 남자 인어와 결혼하여 일곱 명의 아들을 낳고 바닷속에서 살게 된다. 그러다가 교회 종소리에 이끌려 뭍으로 나온 뒤에는 다시 바다로 돌아가지 않아 헤밍이 비탄에 잠긴다는 내용이었다. 이미 파리에서도 보냈던 원고를 두 번째로 에드바르에게 보내면서 안데르센은 간절히 소식을 기다렸다.

안데르센은 무거운 짐과 여권, 비좁은 마차 등을 견디며 다시 여행길에 올랐다. 알프스를 지나 로마로 향하는 길이었다. 꼭대기에 흰 눈이 덮인 거대한 빙하가 바로 눈앞에 나타났다. 집채만 한 바윗덩이들이 그를 사로잡았다. 한쪽에서는 엄청난 폭포가 쏟아져 내렸다. 안데르센은 마치 지구의 등뼈를 따라 달리는 것 같은 느낌을 받았다. 안데르센의 감수성은 고조되기 시작했다. 새로운 자신감이 그의 내면에서 솟아오르고 있었다.

에드바르로부터 자신의 작품에 대한 회의적인 편지를 받았으나 이제 안데르센은 개의치 않았다. 오로지 주변 경치에 황홀해 하며 기쁨에 들뜬 채 밀라노, 제노바, 피사 그리고 피렌체를 거쳐 갔다. 노란 오렌지가 싱싱한 푸른 가지 사이로 주렁주렁 달려 있고 커다란 녹색 레몬이 향기로 인사하는 이탈리아는 상상의 나라와도 같았다. 안데르센은 여행이 자신에게 최고의 스승이라는 사실을 깨닫기 시작했다.

10월에 로마에 도착했다. 웅장한 회랑, 산 위의 장엄하고 화려한 교회들, 구름 한 점 없이 푸른 하늘과 불타는 석양 아래 빛나는 산의 화려함. 로마는 자연과 예술 모든 아름다움의 극치를 선사했다. 안데르센은 회화와 조각, 변화가와 시골 풍경 등에 대해 자신만의 감상에 젖어 들었다.

사원들, 피렌체에 있는 미켈란젤로의 집 등이 그를 사로잡았다. 안데르센의 감각은 더욱 예민해졌고 시각은 정련되었다. 안데르센은 르네상스의 걸작품과 로마의 유물들을 보면서 예술가의 소명에 대한 신념을 더욱 굳혔다.

그러나 그러한 행복은 곧 무너져 내렸다. 1843년 새해, 《아그네트와 인어》는 격렬한 비판을 받았던 것이다. 안데르센을 위해 작품의 교정을 봐 주거나 출판 일을 주선해 주던 에드바르는 비난이 담긴 편지를 보내왔다. 에드바르는 작품의 진부함과 단조로움에 격분한 나머지 이제 안데르센의 명성은 끝났다고 단언했다. 자신이 그토록 사랑하는 에드바르로부터 나온 이러한 비판은 안데르센에게 치명적인 것이었다. 그는 깊은 절망에 빠졌다.

로마는 이제 안데르센에게 절망의 도시가 되었다. 그 안에서는 잔인한 비평의 소리가 들려왔고 이는 곧 창작의 좌절로 이어졌다. 안데르센에게는 괴로움만 남았다. 그는 나폴리로 떠났다. 이탈리아의 많은 도시 중에서 나폴리는 안데르센과 가장 잘 맞는 도시였다. 안데르센은 따뜻한 바람을 맞으며 커다란 레몬 나무와 오렌지나무 아래를 천천히 거닐면서 심신의 피로를 풀었다. 나른하고 매혹적인 아름다움이 가슴속으로 파고들었고 서서히 행복감이 차올랐다.

안데르센은 함께 여행을 하고 있던 헤르츠와 함께 베수비오에 올랐다. 베수비오는 화산이 폭발하여 분화구에서 흘러나온 용암이 산 아래로 흘러내리는 곳이었다. 분출하는 화산은 자연의 감추어진 힘이었다. 안데르센은 아름다운 만의 가장자리를 따라 여행하며 거울 같은 수면 위로 달빛의 반사광과 용암이 만들어낸 두 개의 긴 빛줄기가 푸른빛과 붉은빛의 광선으로 흔들리는 광경을 보면서 영혼에서 우러나오는 힘과 명징해지는 통찰력을 선사받았다. 강렬한 인상과 순간적인 영감에 온 영혼을 빼앗긴 보카치오와 자신이 비슷하다고 느꼈다.

점차 안데르센은 자신을 깨달아가고 있었다. 덴마크에서 자신을 에워싸고 있던 사람들의 기대와 억압에서 벗어나 자유롭게 자신을 표현하게 된 것이다.

"내 본능에 충실하도록 하자! 내가 왜 유행을 좇기 위해 서둘러야 하나? 걸음걸이가 구부정하면 어때, 그게 자연스러운 내 걸음걸이인 걸."

그는 그러한 깨달음을 종종 자신의 일기에 기록했다.

여행 지원금이 바닥을 드러내고 있었다. 로마에서 피렌체로 가는 마차에 노상강도가 있다는 소문을 들었다. 여행을 할 때마다 그를 따라다니는 두려움과 염려증이 되살아났다. 그러나 여행 중에 만나는 시골 사람들은 그의 어린 시절 추억을 살려 주었다. 마귀와 구원, 죽은 자의 그림을 실제로 믿고 있는 시골 사람들이 안데르센에게는 축복받은 아이처럼 여겨졌다. 그는 교육을 받으며 어린 시절의 가난했던 기억을 지워 버리려고 애썼지만 그의 가슴 밑바닥에는 서민들에 대한 애정이 남아 있었던 것이다.

덴마크와 가까워지는 동안 안데르센은 공포를 느꼈다. 이탈리아를 여행하는 동안 자유로웠던 그의 영혼에 다시 족쇄가 채워질 것만 같았다. 덴마크로 가기 위해 북으로 향하면서 안데르센은 온갖 걱정거리에 시달렸고 남의 말에 속아 넘어갔다. 치통이 기승을 부렸고 여권이 말썽을 일으키기도 했다. 그러나 안데르센의 다짐은 더욱 굳건해졌다. 자기 자신에게 충실할 것! 사람들이 자신을 가르치려 드는 것을 이제는 더 이상 내버려두지 않겠다고 생각했다.

코펜하겐에 도착한 뒤 잉게만과 함께 여름을 보내기 위해 소뢰로 떠난 안데르센은 이탈리아에 관한 책들을 읽으면서 《즉흥시인》의 집필에 몰두했다.

《즉흥시인》은 이탈리아를 무대로 자신이 꿈꾸는 삶을 그린 작품이다. 안데르센은 자신의 어린 시절을 이 작품 속에 투영시켰다.

로마의 빈민가 출신인 안토니오는 아버지 없이 헌신적인 어머니와 무서운 삼촌과 함께 사는 소년이다. 그는 즉흥 연주에 재능을 가진 촉망받는 가수로 후견인이 된 저명한 보르게세 가족의 눈에 띈다. 안토니오는 폭력적인 하바스 다다가 운영하는 예수회 대학에서 교육을 받는다. 후원자들에게 무순한 비난과 훈계를 받으며 고통과 외로움을 겪던 안토니오는 마침내 사회적으로 성공하며 나폴리에서 꿈같은 행복을 누리게 된다.

《즉흥시인》은 나오는 즉시 성공을 거두어서 곧바로 2판에 들어갔으며 북유럽의 여러 언어로 번역되었다. 그러나 안데르센이 이 책의 성공으로 거둔 경제적 이득은 미미했다. 덴마크는 작은 나라였다. 게다가 안데르센은 터무니없이 적은 인세만을 받았을 뿐이었다. 당시에는 지적재산권 같은 것이 없었으므로 정식으로 출판을 하지 않고 해적판을 만들어 파는 일이 흔했다. 다른 나라에서 거둔 수입 또한 거의 없었다. 그러나 《즉흥시인》의 성공은 안데르센을 고무했고 그는 《즉흥시인》을 끝내자마자 전 세계를 깜짝 놀라게 할 동화를 쓰기 시작했다.

시인에서 동화작가로

비와 눈 그리고 질척거리는 진눈깨비가 계속 내리는 겨울이었다. 안데르센은 뉘하운 20번지의 창가에 앉아 있었다. 항구 쪽에서는 돛대 부딪치는 소리가 들려오고 있었다. 돛대 부딪치는 소리는 안데르센이 가장 좋아하는 소리였다. 그 소리를 들으며 안데르센은 고향에 대한 향수에 젖고는 했다. 고향 부두에는 배들이 하얀 눈에 덮인 채 정박해 있을 터였다. 물살을 가르며 황급히 나아가던 어선들은 운하가 온통 얼어붙자 도리 없이 부두에 붙들려 있을 수밖에 없었다.

안데르센이 세를 든 붉은 집 여주인은 남편이 작은 배의 선장이었다. 그러나 남편과는 이미 사별한 처지였다. 안데르센은 그 집에서 편안한 일상에 몰두하면서 동화 집필에 힘쓰고 있었다. 아침 여덟 시에 커피를 한 잔, 열두 시까지 책을 읽거나 원고 집필, 논문을 읽기 위해 학생회 방문, 목욕과 산책, 간단한 방문, 저녁 식사 후 집필이나 독서. 이것이 안데르센이 보내는 하루 일과였다. 저녁 식사는 명사들의 집에서 번갈아 가면서 했다. 월요일은 성대한 파티가 열리는 뷔겔 부인의 집, 화요일은 콜린 씨의 집, 수요일은 항상 손님을 초대하는 외르스테드의 집, 목요일에는 다시 뷔겔 부인의 집, 금요일에는 볼프 씨의 집……. 이런 식이었다.

안데르센은 1835년 5월 8일, 《동화, 아이들을 위한》이라는 제목에 '첫 번째 책'이라는 부제가 달린 소책자를 출판했다. 〈부싯돌 상자〉, 〈작은 클라우스와 큰 클라우스〉, 〈공주와 완두콩〉, 〈소녀 이다의 꽃〉, 이렇게 네 편의 이야기가 실려 있었다.

당시에 동화는 샤를 페로의 《옛날이야기》나 《아라비안나이트》처럼 채집된 이야기가 주요 출판물이었다. 이런 책자들은 행상이 들고 다니면서 파는 싸구려 소책자로 가난한 사람들이 돌려가며 읽거나 입에서 입으로 전해질 뿐이었다. 북유럽에서 그림 형제의 《어린이와 가정의 동화》가 지식인들에게 받아들여지긴 했지만 그것 또한 구전동화를 채집한 것이었다.

옛이야기를 문학적 양식으로 소화하여 새로운 이야기를 창조해낸 첫 번째 사람은 바로 안데르센이었다. 그는 덴마크 설화, 그림 형제의 이야기, 티크와 호프만이 쓴 초자연적인 짧은 이야기 등 여러 장르를 폭넓게 종합하였다. 그의 동화에는 다른 전래동화에는 없는 특유의 개성이 있었다. 독특한 일상적 말투, 가볍게 비꼬는 사회적 풍자, 세세한 묘사와 환상적인 상상력이 바로 그것이었다. 해학과 생생한 입 말투의 조화는 아이뿐만이 아니라 어른까지도 독자층으로 묶어 두곤 했다.

안데르센의 동화는 단순한 옛날이야기가 아니었다. 거기에는 부르주아 사회의 일상적인 모습이 담겨 있었고 장난감이나 무생물이 생명체가 되어 움직이고 있었다. 평온하게 시작되던 그의 이야기는 곧 그 평온함을 배반하며 폭력과 죽음 그리고 냉혹한 운명을 보여 주었다. 어린이는 당시만 하더라도 사회적으로 소외되고 억압되어 있는 집단이었다. 안데르센은 이들에게 목소리를 부여했다. 그는 어린이나 장난감, 또는 농장의 가축들이 스스로의 느낌과 목소리로 말하게 했다. 이것은 안데르센만이 할 수 있었던 일이었다.

이렇게 할 수 있었던 배경에는 안데르센 자신의 성장 과정이 중요하게 자리 잡고 있었다. 그가 태어나고 자란 오덴세에는 토속 문화가 아직까지 생생하게 남아 있었다. 안데르센의 기억 속에는 어린 시절 들었던 방언이나 물레 짓는 할머니들에게 들은 옛이야기가 생생하게 남아 있었다. 토속적인 서민 생활의 체취는 그의 몸에

배어 있었다. 그리하여 자신을 후원해 주었으나 딱히 끼워주지는 않았던 상류층에 대한 동경과 신분 상승에 대한 야심은 은밀한 공상으로 작용했다.

안데르센은 자신의 이야기나 다른 사람들의 이야기를 친구들 앞에서 즐겨 낭독하고는 했다. 그가 낭독하면 지루할 것 같던 이야기가 곧 생생하게 살아 움직이는 장면으로 변하고는 했다. 아이들에게 잘 알려진 비유와 수사, 상황에 알맞은 몸짓 등을 통해 안데르센은 이야기의 해학성을 마음껏 드러냈다. 이는 또한 어린 시절 그가 즐겨하던 인형 놀이나 연극 놀이로부터 이어져 오는 것이었다.

덴마크 문단은 처음에 냉담한 반응을 보였다. 그들은 동화라는 장르에 대한 고정관념에서 아직 벗어나지 못하고 있었다. 수다스러운 문체라고 비웃었으며 도덕적인 교훈이 없다고 비난했다. 동화에 대한 전통적인 관습을 무시했다는 부정적인 평가가 대부분이었다. 오로지 아이들만이, 전과 다른 색다른 맛을 주는 안데르센의 동화를 좋아했다. 그의 동화는 곧 아이들 사이에서 대단한 인기를 얻었다.

그러나 그는 여전히 가난했다. 책을 써서 얻는 수입은 보잘것없었고 자신의 성 정체성에 대해서도 불안하게 생각했다. 그는 이따금 자신의 감정을 다스릴 수 없을 때면 에드바르에게 사랑을 고백

하는 편지를 썼다.

당신이 그립군요. 지금 이 순간 당신은 검은 눈동자에 영혼을 뒤흔드는 눈빛으로 바라보는 칼라브리아의 소녀처럼 내게 그리움을 자아내요. 내게는 형제가 없지만 설령 있었다고 하더라도 당신을 사랑하는 만큼 그를 사랑하지는 못할 거예요. 당신은 여전히 내 사랑에 답을 해 주지 않는군요! 그래서 나는 고통스러워요. 어쩌면 이 때문에 더욱 절실하게 당신에게 매달리는 건지도 모르겠군요. 내 영혼은 자존심이 강해요……. 나는 당신에게 집착하고 있어요. 당신은 나에게 '바스타르'라고 하는군요! 바스타르는 이탈리아어 동사인데, "입 다물어!"라는 뜻이랍니다.

안데르센은 에드바르가 약혼자 예테와 결혼하면 자신과 에드바르가 영원히 갈라질 것이라는 사실을 잘 알고 있었다. 그랬기 때문에 마지막으로 더욱 에드바르에게 집착했다. 그러나 그러한 집착은 안데르센에게 더 큰 좌절감만을 남길 뿐이었다.

퓐에서 안데르센은 여름을 보냈는데 그 곳에서 두 편의 동화를 더 쓰기 시작했다. 보잘것없고 핍박받는 존재가 멋진 환상을 통해 행복과 승리를 얻는다는 내용의 동화였다. 바로 〈엄지 공주〉와 〈길동무〉였다.

〈엄지 공주〉에는 풍뎅이, 들쥐, 두더지 등의 숱한 동물들이 등장하는데 이는 어린이 책에 유행하는 동물 계보 이야기의 효시가 되었다. 〈길동무〉는 불량배들로부터 시체 한 구를 지켜낸 신앙심 깊은 고아 소년 존의 이야기이다. 이렇게 두 편의 동화에 〈개구쟁이 소년〉을 포함시켜 첫 번째 동화를 출판한 뒤 7개월 후인 12월 16일 안데르센은 두 번째 동화책을 출판했다. 그리고 이제 덴마크 문단도 그의 동화를 인정하기 시작했다.

인어 공주는 바로 나예요

호평을 받은 소설 한 권과 동화 두 권을 갖고 있던 안데르센은 이제 성공한 작가였다. 그는 여전히 셋방에 살고 있었지만 경제적인 어려움은 줄어들었고 작가로서의 자신감 또한 강하게 갖게 되었다.

1836년 안데르센은 두 번째 소설 《OT》를 쓰고 있었다. 그리고 머릿속에는 나중에 〈인어 공주〉로 세상에 알려진 〈바람의 딸들〉의 구상이 전개되고 있었다.

《OT》는 주인공의 이름 오토 토스트루프를 의미하는 동시에 오덴세의 투그투스(오덴세의 감옥)의 머리글자를 가리킨다.

주인공 오토는 비장한 슬픔과 낭만에 잠긴 청년이다. 그는 자신의 여동생인 사악한 소녀 시드셀이나 '너'라고 말하려 하지 않는 빌헬름과의 우정에서 도피하려 한다. 그는 자신의 비밀이 드러날 것을 두려워하며 공포에 쫓기는데 피부에 새겨진 문자의 낙인이 드러날 위기에 처하자 자살을 시도한다.

이 소설에는 안데르센의 자전적인 요소가 많이 담겨 있다. 주인공은 우울증에 빠진 안데르센의 모습을 반영하며 빌헬름은 에드바르를 닮은 존재이다. 안데르센은 카렌이 창녀 노릇을 하고 있을지도 모른다고 불안에 떨고 있었다. 시드셀에게는 바로 카렌의 모습이 투영되어 있었다. 소설 《OT》는 좋은 반응을 얻지 못했다. 《OT》는 독자들이 좋아하기에는 지나치게 지루하고 음울했던 것이다.

안데르센은 이베르센의 집에 머물면서 동화 〈바람의 딸들〉 집필에 몰두했다. 안데르센이 귀족들의 대저택에 머물 때면 귀족들의 보살핌 속에서 그의 창작은 왕성해지고는 했다.

에드바르의 결혼이 가까워지고 있었다. 안데르센은 이제 두 사람 사이에 있었던 우정과 자신의 특별한 감정에 대해서 작별을 고했다. 안데르센과 에드바르는 여러 모로 다른 사람이었다. 우선은 출신 배경이 너무나 달랐다. 가난한 구두 수선공의 집안과 명문가인 콜린 집안 사이의 거리는 아무리 애를 써도 좁혀지지 않았다.

또 안데르센은 본질적으로 예술가적인 기질을 가진 사람이었다. 그는 불안하고 분열적이었으며 복잡한 내면을 가지고 있었다. 반면에 에드바르는 이성적이고 합리적이며 세속적인 상식에 기대어 사는 사람이었다. 에드바르는 평생 안데르센에게 현실적인 도움을 주었다. 재정과 출판 계약을 도맡았고 철자와 문법 교정을 도와주었다. 그러나 작가로서 안데르센의 성공은 에드바르가 보기에 하찮은 모습에 불과했다. 에드바르에게 안데르센은 병적인 정신세계의 소유자였다. 에드바르는 세상 사람들이 혐오하는 안데르센의 우스꽝스러운 면을 안타까워하고 있었다.

안데르센은 에드바르에게 마지막이 될지도 모르는 편지를 썼다.

당신이 예테를 사랑하는 것처럼 나 또한 당신을 사랑했습니다! 그 곱절로 사랑했지만 그것은 스스로를 속인 것에 지나지 않지요. 스스로에게 속은 사람이 가장 큰 고통을 받겠지만 말이에요. 당신에 대한 나의 사랑은 결코 잊을 수 없겠지만, 당신과 나는 그 사실에 대해 말하지 않겠지요. 가장 가까운 친구에게조차 말하지 못할 고통스러운 일입니다.

안데르센은 자신의 신부는 '이탈리아'라는 말로 편지를 끝맺었다. 안데르센에게 이탈리아는 예술이라는 말과 동의어였다. 그는 자신의 반려자는 예술밖에 없다는 사실을 본능적으로 알고 있었다.

1837년 안데르센은 〈바람의 딸들〉을 고치고 고쳐 드디어 완성했다. 그는 제목을 〈인어 공주〉로 바꾸면서 이 동화가 성공할 것임을 믿어 의심치 않았다.

〈인어 공주〉는 지금은 세상의 모든 어린 아이들이 다 아는 유명한 이야기이다. 이 이야기는 아일랜드 신화나 고대 유럽의 전설에 근거를 두고 있다. 신화에 등장하는 인어 공주는 19세기 낭만주의의 문학작품 여러 곳에 등장했다. 안데르센은 이미 〈아그네트〉라는 시에서 이 이야기를 다루었고 이 신화를 이용한 다른 작품들, 잉게만의 《바다의 생물들》, 티크의 《멜루지나의 놀라운 역사》, 욀렌슐레게르의 《바울룬두루스의 무용담》 등을 알고 있었다. 푸케의 《물의 요정 운디네》에 큰 영향을 받기도 했다. 그러나 안데르센의 〈인어 공주〉에는 안데르센만의 대담함과 독창성이 있었다.

깊은 바닷속 왕궁에는 여섯 명의 인어 공주가 살고 있다. 인어들은 폭풍이 불 때마다 황홀한 목소리로 노래하면서 선원들을 유인해낸다. 그러나 인어들 또한 육지 생활을 동경한다. 열다섯 살이 되면 인어들은 바닷물 위로 헤엄쳐 나와 인간을 구경할 수 있다. 막내 인어 공주가 열다섯 살이 되었다. 막내 인어 공주는 육지에서 처음 만난 왕자를 사랑하게 된다. 난파된 배에서 그를 구출하게 되자 막내 인어에게는 두 가지 욕망이 싹튼다. 왕자와 함께 살려는 욕망과 인간처럼 영원히 살고 싶다는 욕망이었다. 인어는 300년을 살고 나서 죽는데 비해 인간은 불멸의 영혼을 가지고 있다는 사실을 알게 된 것이다.

인간의 사랑을 얻으면 인어도 영혼을 얻을 수 있다는 이야기를 듣고 인어 공주는 바다 마녀를 찾아간다. 그리고 자신의 목소리를 지불하는 조건으로 사람의 다리를 얻게 된다. 단, 왕자가 다른 사람과 결혼하면 인어 공주는 영혼을 얻을 수 없으며 심장이 부서지고 물 위의 거품으로 사라져 버리게 된다는 조건이었다.

인어 공주는 왕자와 친구가 되지만 왕자는 인어 공주 대신에 다른 공주를 신부로 맞이한다. 인어 공주의 다섯 언니들이 자신들의 머리칼을 희생하여 왕자를 죽일 칼을 가지고 온다. 왕자의 피가 발에 떨어지면 인어 공주는 물거품으로 사라지지 않아도 되었다. 그러나 인어 공주는 바닷속으로 칼을 던져 버린다.

인어 공주는 이제 공기처럼 가볍고 투명한 모습을 한 '바람의 딸'로 변한다. 바람의 딸은 불멸의 영혼을 갖고 있지는 않지만 착한 일을 하며 스스로 영혼을 창조하여 300년이 흐른 후에 인간의 영원한 행복을 함께 누릴 수 있다.

마지막으로 바람의 딸들이 이야기한다. '착한 아이를 찾아낼 때마다 하느님은 고통의 시간을 줄여 줍니다. 그러나 만약 심술꾸러기 아이를 만나면 우리는 슬픔의 눈물을 흘려야 하며, 눈물을 흘릴 때마다 하루씩 고통의 시간이 더 늘어납니다.'

이 이야기는 안데르센을 세계적인 작가로 만들어 주었다. 코펜하겐에 있는 인어 공주의 동상은 국가적인 기념물이 되어 지금도 수백만의 관광객을 끌어들이고 있다.

〈인어 공주〉는 수많은 의미와 상징을 내포하고 있다. 그것이 이 동화가 전 세계에서 사랑받는 이유이다. 영원을 갈구하는 여성의 사랑이 남성의 변심과 맞닥뜨리는 비극은 시대를 초월하는 이야기인 것이다. 물론 현대인의 입장에서는 그 내용이 선뜻 동의하기 어려울 수도 있다. 인어의 자기희생과 침묵, 속죄 의식과 억압 등은 현대인의 의식과는 다소 거리가 있기 때문이다. 그러나 사회적 아웃사이더이자 짝사랑의 주인공이 자신의 열정을 표현할 수 없어 고통스러워하는 내용은 지금도 사람들의 심금을 울린다.

안데르센의 전기를 쓴 한스 브릭스는 왕자를 향한 인어 공주의 짝사랑이 루이제 콜린에 대한 안데르센의 사랑을 비롯하여 콜린 집안과의 모든 관계를 의미한다고 해석했다. 깊은 바닷속은 그가 태어나 자란 오덴세의 '수렁'을 의미하며 물 위의 마른 땅은 안데르센이 속하고 싶어 한 코펜하겐의 세련된 상류층을 의미한다는 것이다.

이 이야기는 안데르센 자신의 이야기였다. 양성 모두에 이끌리는 안데르센은 인간과 다른 종족이라고 느끼는 인어 공주였으며 에드바르와의 관계에서 절망적이었던 안데르센의 감정은 왕자를 향한 인어 공주의 절망적인 사랑과 닮아 있었다.

안데르센은 관능적 욕망이 실현되기를 거부했다. 안데르센에게 는 불멸의 영혼이야말로 인간 존재의 본질적인 요소였다. 불멸성 을 세속적 고통에 대한 보답으로 여겼으며 불멸성을 얻으려고 300 년의 삶을 포기하는 인어 공주처럼 불멸의 영혼이 없는 삶은 무의 미하다고 믿었다.

안데르센은 〈인어 공주〉와 함께 사회적 풍자가 강한 〈벌거벗은 임금님〉을 함께 출판 했다. 〈벌거벗은 임금님〉은 스페인 민화집 《파트로니오 이야기》의 영향을 받았다. 스페인 민화에서는 사기꾼 직조공이 자신이 만든 옷은 가짜 아들에게 보이지 않는다며 무어 왕을 속인다. 안데르센은 이를 왕궁의 자만심과 지적 허영심을 풍자하는 것으로 바꾸었다. 처음에 〈벌거벗은 임금님〉의 결말은 평이했다고 한다. 그러나 원고가 이미 인쇄업자에게 넘어간 뒤에 안데르센은 결말을 바꾸었다. 안데르센은 자신과 닮은 순진하고 조숙한 꼬마를 등장시켜서 풍자적인 요소가 두드러지게 했다. 곧 〈벌거벗은 임금님〉 또한 가장 유명한 이야기가 되었다.

온 세상을 무대로 이름을 빛내다

안데르센은 자신의 이름이 서서히 빛나고 있음을 느꼈다. 그가 평생 좇았던 것은 바로 그와 같은 명예였다. 안데르센은 남들이 허영이라고 비난하건 뭐라 하건 자신의 욕망에 충실했다. 그는 온 세상이 자신의 무대라고 생각했다. 더 많이 유명해지기 위해서는 더 많이 움직이고 자신을 알려야 했다. 그는 스칸디나비아 대중들에게 더 많은 인기를 얻기 위해 스웨덴을 다녀왔다.

귀국 후 안데르센은 세 번째 소설 《가여운 바이올린 연주자》를 완성했다. 이 소설은 가난한 소년 크리스티안과 부잣집 유대인 소녀 나오미에 관한 이야기이다. 나오미는 남자 같은 숙녀로 끊임없이 성 정체성의 혼란을 겪는다. 이 소설에는 아직 동성애라는 용어가 생기기 전 남녀 모두에게 끌리는 성향을 표현해내려고 애쓴 안데르센의 노력이 깃들어 있었다. 《가여운 바이올린 연주자》는 덴마크에서 반응이 부진했고 독일에서 열렬한 환호를 받았다. 그것은 양성애적 사랑을 탐색한 그의 마지막 작품이었다.

안데르센에게 결혼은 두려운 과제였다. 그는 몇몇 여성들과 연애에 빠져들기도 했지만 종결되고 나면 해방감을 느꼈다. 19세기 당시 여성의 동정은 미덕으로 칭송되었지만 남성의 동정은 비웃음거리였다. 안데르센에게는 다른 남자들과 같은 성욕이 별로 없었다. 청교도적인 심성 때문이었고, 다른 한편으로는 예술과 자신의 창작 행위를 우선시하는 태도 탓에 여성들과의 육체적 접촉을 스스로 허락하지 않았다. 이 점은 종종 콜린 가에서 놀림거리가 되기도 했다. 가끔은 안데르센도 다른 남자들처럼 되고 싶다는 생각이 들었다. 그는 자위행위로 성욕을 해소했고 일기와 비망록에 + 표시로 그런 흔적을 남겨 놓았다. 또 안데르센은 가난 때문에 결혼을 할 수가 없다고 생각했다. 그러나 막상 가난에서 벗어났을 때 그는 동화를 쓰는 일에 흠뻑 빠져들어 있었다.

1837년 6월 안데르센은 〈꿋꿋한 양철 병정〉을 쓰기 시작했다. 이것은 전래동화에서 따오지 않은 그 자신의 순수한 창작물이었다. 이 동화의 주인공 양철 병정은 여러모로 안데르센의 풍자적인 자화상에 가까웠다. 운명을 받아들이는 고집스러움, 사랑하는 사람에 대한 일편단심, 그리고 혼자 떨어져 외발로 서 있는 느낌은 안데르센의 감정과 닮아 있었다. 또 한편으로 이는 금욕적인 인내와 감정을 좀처럼 드러내지 않는 19세기의 가치관을 상징하는 표상이기도 했다. 그래서 안데르센 시대의 사람들은 이 동화에서 많은 용기와 위안을 얻었다. 평생을 동성애적 욕구 때문에 괴로워했던 토마스 만 또한 여든 살의 나이에 이렇게 적어 두었다고 한다. "나는 안데르센의 동화 〈꿋꿋한 양철 병정〉을 늘 좋아했다. 그 이야기는 내 삶을 상징했다."

안데르센은 이제 뉘하운에 있는 가난한 셋방을 떠났다. 그가 옮긴 곳은 코펜하겐에서 가장 호화로운 두 노르 호텔이었다.

그는 1838년의 가을과 겨울을 안락하고 조용하게 보냈다. 호텔과 극장에서 사람들과 어울리고 콜린 가족을 매일 만났다. 이따금 뉘쇠에 있는 여름 별장에서 벌어진 지성인들과 예술가들과의 사교 모임에 참석하기도 했다.

그해 겨울 안데르센은 해외에서의 명성, 국내에서의 갈채라는 두 마리 토끼를 잡았다. 세 동화책을 출판하면서 일백 릭스 달러를 받았고 스웨덴에서는 그의 동화 다섯 편이 출판되었다. 독일에서 그의 동화가 처음으로 번역되었으며 《가여운 바이올린 연주자》가

번역되어 나왔다.

안데르센은 다시 연극에 대한 열정으로 불타올랐다. 이국적인 이야기인 《뮬라토》를 썼으며 다음 해 봄이 되어 희가극 《스프로괴의 투명인간》을 썼다. 왕립극장에서 상영된 연극 《스프로괴의 투명인간》은 성공적이었다. 그는 연이어 스칸디나비아 귀족들의 초대장을 받았고 스웨덴에서는 귀족들의 사랑을 한 몸에 받았다. 스웨덴의 룬트 대학에서는 학생들이 베푼 연회에서 세레나데를 받는 영예를 얻었다.

《뮬라토》는 1839년 2월 3일 왕립극장에서 초연되었다. 이번 공연도 성공이었다. 그러나 곧 표절 시비에 말려들었고 그는 비평가들에 의해서 비난을 받았다. 안데르센은 다시 낭만적인 희곡 《무어인 처녀》를 써서 반격을 시도했으나 이 작품은 수준이 훨씬 떨어지는 것이었다. 게다가 자신을 비난했던 극작가 하이베르가 이 작품이 상연되는 것을 방해했다. 그의 부인 요한네는 당대의 프리마돈나로 까다로운 성미를 지녔는데 안데르센의 새 희곡에서 여주인공 역을 맡아 달라는 제의를 일언지하에 거절했다. 안데르센은 이에 대한 감정을 드러낸 서문을 써서 하이베르 부부를 적으로 만들었다. 그리고 자신은 코펜하겐의 웃음거리가 되고 말았다.

이 사건은 안데르센을 우울한 감정으로 몰고 갔다. 그는 분노와 다시 한 번 짙은 외로움을 느꼈다. 무엇보다도 코펜하겐의 부르주아 세계는 권위적이고 편협했다. 그들은 극장이나 하이베르 같은 이들을 중심으로 똘똘 뭉쳐서 새로운 조류를 받아들이는 데 인색했다. 또한 윗사람에 대한 복종과 권위에 대한 절대적인 순종을 중요시했고 변화를 싫어했다. 안데르센은 자신의 조국에서 허황되거나 터무니없다는 비난을 받으며 배척당하고는 했다. 비상한 재능, 지나친 열정, 커다란 야심, 이 모든 것이 안데르센이 배척당하는 이유가 되었다. 안데르센에게 호의적이었던 콜린 가족도 언제나 작가로서의 안데르센을 하이베르보다 아래로 여겼다.

안데르센은 덴마크를 사랑했지만 덴마크 특유의 편협함은 견딜 수가 없었다. 게다가 가만히 있지 못하는 성격, 호기심, 이름을 널리 알리고 싶은 욕망. 이 모든 것이 그를 내몰고 있었다. 그는 긴 여행을 하기로 마음먹었다. 그것은 지금까지 했던 여행 중 가장 긴 외국 여행이었다. 발칸, 그리스, 콘스탄티노플을 향해 그는 생애에서 가장 모험적인 여행길에 올랐다.

안데르센은 감정적이고 흥분을 잘하는 성격이었다. 여행은 그에게 크고 작은 걱정거리를 안겨 주었다. 강도, 난파의 위험, 콜레라 등에 대한 염려가 있었다. 그 밖에도 수많은 걱정이 있었다. 그는 불이 날까 두려워 가방에 늘 밧줄을 넣고 다녔고 산 채로 땅에 묻힐까 두려워 쪽지를 써서 침대 머리맡에 놓아두었다. 선모충 병에 걸릴까 봐 돼지고기도 먹지 않았고 승객들을 의심했으며 뱃멀미를 두려워했다. 또한 그는 우유부단했다. 여행을 계속할지 그만둘지 결정하지 못해 불안하고 끔찍한 상태에 오랫동안 머물러 있기도 했다. 그러나 이러한 걱정거리는 곧 사라지는 사소한 것이었다. 그것은 보다 심각한 사회적, 예술적인 불안보다 한결 가벼운 것이라고 볼 수 있었다.

안데르센에게 이번 여행은 최신 유럽 문화를 접하고 자신의 영혼에 빛이 되어줄 문학을 찾는 과정이었다. 그는 워싱턴 어빙처럼 자연을 묘사하고 월터 스콧처럼 시대를 이해하고 바이런처럼 노래하고 그러면서도 하이네처럼 자신의 시대에 뿌리 내리기를 원했다. 그는 자신이 생존하고 있는 시대의 가장 위대한 시인이 되기를 원했다.

브라이텐부르 성을 거쳐 함부르크로 향하는 여정이었다. 그는 함부르크에서 리스트의 공연을 보고 라이프치히에서 멘델스존을 만났다. 증기 기관차도 처음 타 보았다. 마차로 24시간을 달려갈 길을 철도를 타고 세 시간 반 만에 가면서 새로운 기술 문명에 놀라기도 했다.

로마에 도착했을 때는 에드바르에게서 좋지 않은 소식을 들었다. 자신의 〈무어인 처녀〉 공연이 실패했다는 소식이었다. 게다가 덴마크의 실력자인 하이베르는 풍자시를 통해서 안데르센의 작품을 야유하고 있다고 했다. 안데르센은 다시 외로움에 젖어 들었다.

날씨는 추웠고 병마저 들었다. 자신을 운명의 세 여신이 쳐 놓은 기억의 거미줄 속에 갇혀 버둥거리는 모기라고 여겼을 만큼 황폐한 나날이 이어졌다. 안데르센은 나폴리에 갔을 때에야 비로소 이런 절망적인 기분에서 벗어날 수 있었다.

아테네에서 환상적인 한 달을 보내며 부활절과 독립 기념일 축제 행사에 뛰어들었고 콘스탄티노플에서 춤추는 수도승을 보았다. 그곳에서 육체적 욕망을 자극하는 아찔한 홍분을 느끼며 자신을 고통스럽게 만드는 관능미에 한껏 취해 있었다.

돌아오는 여행길은 위험한 여정이었다. 발칸반도에서 폭동이 일어나 수천 명의 기독교인이 학살당했다는 소문이 들려오는데도 증기선을 타고 도나우 강을 따라 왈라키아, 불가리아, 세르비아를 거쳐 항해했다. 그리고 마침내 오덴세를 거쳐 코펜하겐으로 다시 돌아왔다.

여행 중에 듣게 된 우울한 소식에도 불구하고 코펜하겐에서 그는 어느 정도 명예를 회복했다. 리스트가 그를 방문했는가 하면 콜린의 집에서 클라라 슈만을 만나기도 했다. 클라라는 안데르센이 세상에서 가장 못생긴 사람이며, 사람들은 단지 그의 성격에만 친숙해질 수 있을 것이다, 라고 말했다.

긴 여행에 대한 기록인 《어느 시인의 시장》이 1842년 4월 출판되었다. 여기에는 동양의 신기함을 만나는 북구의 정신이 섬세하게 묘사되어 있었다. 일반적인 여행 기록과 짧은 이야기들, 그리고 페가수스와 마차를 끄는 두 마리 말 사이에 오가는 대화와 '요정의 궁전'이 존재하는지에 대한 언쟁으로 이어지는 이 작품은 특이한 주제와 환상적인 이야기 때문에 날개 돋친 듯 팔렸다. 독일어와 스웨덴어 그리고 영어로도 번역되었다.

이즈음 아버지가 다른 누이 카렌 마리가 그를 찾아왔다. 카렌은 코펜하겐 빈민가에서 세탁 일을 하고 있었다. 안데르센은 무의식 속에서 자신의 이복 누이를 무척이나 두려워했다. 이복 누이의 존재는 자신이 그토록 외면해 왔던 어두운 출생 배경의 한 부분이었기 때문이다. 다음 날 콜린 가족의 도움을 받아 카렌 마리의 개인사를 자세히 조사한 뒤 그녀 내연의 남편을 불러 4릭스 달러를 주었다. 카렌 마리는 그해 한 번 더 안데르센 앞에 나타났고 다음 해 호텔로 또 한 번 찾아왔다. 그리고는 그 후로 소식이 없었다. 1846년에 카렌 마리는 죽었지만 안데르센은 이 사실을 몰랐다.

작품 속에서 안데르센은 가난하고 힘없는 사람들이 기득권층에 대항하여 승리하도록 묘사했으나 현실에서는 달랐다. 그는 기질적으로 싸움에 말려들지 않았다. 사람들 사이의 갈등을 무마시키려 애썼고 근본적으로는 정치에 무관심했다. 그는 엘리트주의에 기반한 사회제도에 한 번도 의문을 갖지 않았다. 오히려 그는 부와 권력을 사랑했고 상류사회에 익숙해지려고 애썼다. 그는 상류층을 미워한 것이 아니라 자신이 상류층의 중심에 서고자 한 것이다.

1843년 그는 독일의 브라이텐부르에서 한동안 머물렀다. 그리고는 다시 파리로 갔다. 그는 프랑스 문단에서 놀라운 환대를 받았다. 알렉상드르 뒤마, 빅토르 위고, 고티에, 알프레드 드 비니 등은 안데르센을 알아보고 세계적으로 뛰어난 인물로 대해 주었다.

뒤마는 성격이 명랑하고 유쾌했다. 안데르센이 방문할 때 그는 주로 침대에서 종이와 펜과 잉크를 들고 집필을 하고 있었다. 안데르센이 그의 방으로 들어가면, 뒤마는 안데르센에게 고개를 끄덕인 후 말했다.

"잠깐만요. 방금 뮤즈의 신이 찾아왔답니다. 그녀는 금방 가 버리기 때문에 그전에 빨리 써야 합니다."

뒤마는 그렇게 계속 써 내려가다가 이윽고 펜을 내려놓고 큰 소리로 외쳤다.

"3막 끝."

그리고는 안데르센에게 뛰어와서 말했다.

"아직도 이렇게 어린애처럼 산답니다. 그러니 보기에 흉해도 참아 주십시오."

어느 날 저녁 뒤마는 프랑스 무대 뒤 풍경을 보여 주려고 여러 극장으로 안데르센을 데리고 다녔다.

"자 들어갑시다. 재밌을 거요. 여배우들이 아마 속치마만 입고

있을 테니."

뒤마를 따라 무대 뒤로 들어갔을 때 거기에는 수많은 사람들이 있었다. 기술자들, 합창단원들, 그리고 무용수들……. 어느 날 안데르센은 프랑소와즈 극장의 무대에서 여배우 라셸을 만날 수 있었다.

"그녀는 뛰어난 배우요. 생명감 넘치는 인물을 표현할 줄 알지요. 라신과 코르내유가 혀를 내두를 겁니다."

라셸은 무대 뒤 막이 접혀 만들어진 작은 방 같은 공간에 앉아 있었다. 그녀는 호리호리했으며 어려 보였다. 슬퍼서 흐느끼는 듯한 이미지, 울음으로 슬픔을 씻어낸 뒤 담담한 어조로 자신의 마음을 털어놓으려고 앉아 있는 소녀의 이미지였다. 그녀는 친절하게 말을 붙여 왔다. 그러나 프랑스어에 서툰 안데르센은 뒤마와 라셸이 나누는 대화를 듣고 있을 수밖에 없었다. 뒤마와 라셸이 나누는 프랑스어는 너무나 아름답게 들렸다. 안데르센이 잠자코 있는 것을 깨달은 뒤마는 안데르센의 귀에 대고 뭐라고 재빨리 말했다. 뒤마가 시키는 대로 안데르센은 그녀에게 말했다.

"당신만큼 관심을 끄는 훌륭한 배우는 처음이에요."

안데르센은 프랑스어가 서툴러서 미안하다고 덧붙였다. 그러자 그녀는 웃으며 말했다.

"방금 저한테 말씀하신 것처럼 하신다면 모두가 선생님께서 프랑스어를 잘한다고 생각할 거예요."

얼마 후 안데르센은 라셀의 집을 방문했다. 프랑스 작가의 조각
상과 멋진 가구들과 많은 책을 갖춘 거실에서 안데르센은 라셀과
오랫동안 대화를 나누었다. 그것은 예술가 사이에서 나눌 수 있는
최대의 공감이었다. 그녀는 헤어지기 전 안데르센에게 이렇게 말
했다.

"선생님이 프랑스어를 잘 못하시긴 하지만, 프랑스어를 유창하게
구사하는 외국인들을 많이 봤어도 선생님보다는 재미없었어요."

부서진 사랑

1843년 코펜하겐 무대에 혜성처럼 나타난 가수가 있었다. 〈악마 로베르〉의 알리스 역으로 처음 코펜하겐 무대에 선 예니 린드였다. 그녀는 그다지 아름답지 않았다. 그리고 수줍음도 많았다. 그러나 그녀가 노래를 할 때면 깊고 풍부하며 부드러움이 넘치는 목소리 는 사람들의 가슴을 파고들었다. 게다가 예니는 자신이 맡은 역할 과 혼연일체가 된 모습을 보임으로써 관객들을 감동시켰다.

안데르센은 3년 전에 그녀를 스치듯 만난 적이 있었다. 그다지 특별할 것이 없는 만남이었다. 그러나 이번에는 달랐다. 예니는 이 제 전 유럽을 향하여 발돋움을 하는 성장하는 예술가였다. 코펜하겐에서의 첫 공연이 성공적으로 끝나자 안데르센은 예니를 매일 만났다. 단 며칠 만에 안데르센은 자신이 예니를 사랑하고 있다고 느꼈다. 결혼까지도 생각하게 되었다.

예니는 여러 가지 점에서 안데르센과 닮았다. 보잘것없는 집안, 외롭고 불우한 어린 시절, 눈에 띄게 아름다운 목소리, 자신을 후원해 주는 법관의 가족, 순수하고 섬세하나 신경질적인 감정 등 모든 것이 안데르센을 둘러싼 환경과 비슷했다. 두 사람은 상대방의 모습에서 자신을 발견할 수 있었다. 두 사람은 마음이 쉽게 통했다. 안데르센과 예니, 두 사람 모두 낭만주의자였던 것이다.

안데르센은 외로운 예니에게 마음을 털어 놓을 친구이자 보호자였다. 안데르센은 재치와 따뜻함, 숱한 외국 여행의 경험에서 형성된 폭넓은 시각으로 예니에게 다가갔다. 예니는 때때로 안데르센에게 의지하긴 했지만 그에게 매력을 느끼지는 않았다. 안데르센의 외모는 여자에게 매력을 주기에는 조금 우스꽝스러웠다. 한껏 맵시를 낸 옷차림을 하고 있었지만 그는 너무 말랐고 과장된 몸짓 때문에 가뜩이나 큰 손발이 심하게 흔들렸다. 게다가 자만심에 사로잡혀 자신을 객관적으로 보지 못했다.

안데르센은 그 어느 때보다도 마음이 깊이 흔들렸다. 예니는 순수하고 순결한, 그러면서도 타고난 수줍음으로 겸손함까지도 갖고 있는 예술가였다. 화려하고 세련되지는 않지만 자신이 맡은 역할

에 온몸을 던져 연기하는 뜨거운 열정과 신념을 갖고 있었다. 그런 예니에게 안데르센은 성적인 매력 또한 느꼈다. 그러나 안데르센에게 보다 중요했던 것은 예술가로서의 동지애였다. 자신의 재능을 만인을 위해 쓰고자 한 예니의 신념에 그는 깊은 감화를 받았다. 예니는 안데르센 앞에 나타난 새롭고 신선한 뮤즈였다.

이 뮤즈는 안데르센 안에 잠자고 있던 창작의 열정을 일깨웠다. 안데르센은 〈미운 오리 새끼〉를 완성했고 〈나이팅게일〉을 쓰기 시작했다. 〈나이팅게일〉은 예니 린드에게 영감을 받은 작품인데 만 하루 만에 이야기를 완성했다. 한 달 뒤 〈팽이와 공〉, 〈천사〉와 함께 이들 이야기는 《새로운 동화》라는 제목으로 출판되었다.

네 가지 이야기는 모두 안데르센 자신의 창작물이었다.

지금은 누구나 알고 있는 〈미운 오리 새끼〉는 성장 이야기다. 볼품없는 존재가 어려운 시기를 지나 아름다운 백조가 된다는 이 이야기는 보편적인 호소력을 갖고 있었다.

〈나이팅게일〉은 중국 황궁을 배경으로 하고 있다. 진짜 나이팅게일은 한때 사람들에게 외면당하지만 오랜 시간 후에 병석에 누운 황제를 구원하기 위해 다시 나타난다. 죽음의 사자는 물러가고 황제는 살아난다. 예술의 진정한 가치는 이렇게 놀라운 변화를 일으킨다는 것이 〈나이팅게일〉의 주제이다.

〈천사〉는 죽어가는 아이가 천사로 변하는 이야기이며 〈팽이와 공〉은 자신의 첫 연애담을 담아내고 있다. 거만한 공은 리보르를 그리고 어리석은 팽이는 안데르센 자신을 비유적으로 나타내고 있다. 특징적인 것은 이들 이야기 속 주인공들은 안데르센을 닮아 있다는 점이다. 못생긴 오리, 아름다운 노래를 부르는 나이팅게일, 얼빠진 팽이는 안데르센의 모습을 제각기 조금씩 반영하고 있었다. 그리고 그들은 안데르센처럼 인생을 홀로 견디는 고독한 존재들이었다.

안데르센의 작품은 이제 예술적으로 가장 성숙하고 완벽한 모습을 하고 있었다. 《새로운 동화》는 덴마크에서 눈부신 성공을 거두었다. 모든 신문에 그의 작품에 대한 호평이 실렸다. 고국에서 이토록 성공을 거둔 것은 안데르센에게는 처음 있는 일이었다. 안데르센은, 책이 핫케이크처럼 팔려나갔다, 며 환호했다.

동화의 성공에 이어 예니 린드에게 편지도 받았다. 그는 이 사실을 주변에 알렸다. 그러나 안데르센의 애정 관계는 이번에도 삼각관계의 양상으로 발전하기 시작했다. 예니에 대한 감정이 무르익어 친구들에게 편지로 이 사실을 알리던 즈음 그는 또 다른 사랑을 만나게 된다.

동화가 나오고 난 뒤 안데르센은 덴마크의 위대한 조각가 토르발센의 작업실이 있는 뉘쇠로 향했다. 그 곳에는 스물두 살의 법률

학도인 헨리크 스탐페의 시골 저택도 있었다. 헨리크 스탐페는 전형적인 귀족의 자제였다. 토르발센이 자주 모델로 삼을 정도로 그는 근육질의 잘생긴 외모를 하고 있었다.

　보름이 넘게 뉘쇠에 머무는 동안 안데르센은 토르발센의 작업실을 자주 방문하면서 스탐페와 사랑에 빠졌다. 동화의 성공이 가져다 준 자신감이 귀족 청년에게 거리낌 없이 다가갈 수 있는 용기를 주었으며 예니를 사랑하면서 동시에 느끼는 동성애에 대한 욕구가 스탐페의 품에 자신을 던지도록 고무했다. 그는 스탐페에게 편지를 써서 자신의 감정을 드러냈다.

　사랑하는 나의 헨리크에게

　원할 때마다 너와 함께 있을 수 있고 이야기할 수 있고, 너의 손을 꼭 잡을 수 있는데 이렇게 편지를 쓰니 이상하다. 하지만 너의 얼굴을 마주 대하고 있을 때 나를 억누르는 수천 개의 작은 이유들로부터 적어도 종이 위에서만큼은 자유로이 풀려나 나 자신을 표현할 수가 있다. 울화병이 있는 영국인들에 대해 종종 들은 적이 있다. 그 질병에 대해 내가 알고 있는 것이라고는 그 질병에 걸리면 매우 기이한 느낌에 빠져 한편으로 슬프기도 하고 그로 인해 목숨을 잃는 경우도 더러 있다는 점이다. 이와 비슷한 고통을 내가 겪고 있단다. 널 위해 내 삶을 바치고 싶다고 수도 없이 다짐했기에 너에게 온 마음을 다해 다정하게 대해야 했지만, 나의 고통 때문에 오늘은 전혀 친절하게 대해줄 수가 없었고 오래 기다리는 것을 참을 수가 없었다. 너는 자주 "내게 이야기해 주세요"라고 하지. 그래, 그게 바로 내가 원하는 것이며, 늘 그랬듯이 오늘 저녁에도 쓸쓸히, 나는 그렇게 해야만 하지.

편지는 사랑에 빠져 안절부절 못하는 연인의 말투를 하고 있었다. 그것은 안데르센이 남자들에게 보내는 편지에서만 나타나는 말투였다. 그 뒤 몇 달 동안 스탐페와의 관계는 육체적으로 발전했다. 그 즈음 안데르센의 수첩에는 질투라든가 육체적 갈망과 성기의 통증에 관한 표현들이 자주 등장했다.

그러나 스탐페가 안데르센을 가까이 했던 것은 일종의 책략 때문이었다. 콜린 집안의 맏손녀인 욘나 드레센과 가까워지기 위한 발판으로 안데르센을 이용한 것이었다. 안데르센을 통해 욘나와 가까워진 스탐페는 차츰 안데르센에게서 뒷걸음치기 시작했다.

불행한 일들이 연이어 닥쳐왔다. 안데르센은 예니로부터 친구로만 여겨 달라는 뜻의 편지를 받는다. 안데르센은 예니를 포기해야만 했다. 그러나 그는 결코 예니를 얻을 수 없으리라는 것을 잘 알면서도 완전히 그녀를 포기하지 못했다. 예니에 대한 사랑은 이후 몇 년간 불타올랐다가 사그라들기를 반복했다.

예니의 편지를 받은 다음 날 조각가 토르발센이 죽었다. 그리고 얼마 후 스탐페는 욘나와 약혼을 했다. 안데르센은 오랜 후원자를 찾아 독일의 브라이텐부르크로 떠났다. 그러나 후원자인 백작 또한 건강한 몸이 아니었다. 안데르센은 독일로 여행을 하며 마음을 달 랬다.

행복의 절정기

당시 바이마르는 문학적 야망을 지닌 젊은이들이 으레 순례하는 성지와도 같은 곳이었다. 독일의 튀링겐 언덕 중앙에 있는 바이마르는 택시나 버스도 다니지 않을 정도로 작고 조용한 도시였지만 문화를 사랑하는 귀족층과 많은 예술가들로 이루어진 독일의 아테네 같은 곳이었다. 안데르센 또한 이곳을 꿈꿔왔다.

바이마르에 도착한 안데르센은 에테르스부르크로 초대되어 황태공 카를 알렉산더를 만난다. 에테르스부르크는 동화적인 분위기를 갖고 있는 성이었다. 부근에는 숲이 있었고 높은 언덕 위에 자리를 잡고 있었다. 안데르센은 그곳에서 따뜻한 환대를 받았다. 카를 알렉산더는 예술가의 후견인으로 인정 많고 고상한 귀족 청년이었다. 두 사람은 곧 서로에게 호감을 느꼈다. 안데르센은 일주일동안 그곳에 머물면서 왕족들의 모임에서 자신의 동화를 읽어주곤했다. 이후 두 사람의 우정은 수년간 정열적으로 지속되었다.

안데르센은 바이마르를 떠난 뒤에도 드레스덴, 라이크치히, 베를린 등을 여행하면서 슈만을 비롯한 상류사회의 매력적인 사람들과 교류하기 시작했다. 가는 곳마다 작가와 출판업자, 사교계 부인들의 초대를 받았다. 안데르센은 어디에서나 잘 적응했다.

독일에는 그림 형제가 살고 있었다. 안데르센은 소개장 하나 없이 그들이 살고 있는 집을 방문했다. 하녀는 그림 형제 중 야콥 그림에게 안데르센을 안내했다. 그러나 야콥은 안데르센을 알아보지 못했다. 안데르센은 실망하여 그 자리를 떠났다.

덴마크로 돌아왔을 때 안데르센은 국왕 크리스티안과 왕비로부터 페르 섬의 한 온천으로 초대를 받았다. 여행 경비는 비쌌지만 왕실이라는 존재는 그에게는 저항할 수 없는 매력이었다. 어머니로부터 이어져 내려온 왕실에 대한 충성심, 그들로부터 갈채를 받고 싶은 갈망은 비싼 여행 경비를 무릅쓰고 여행을 감행하게 했다.

긴 여정 끝에 안데르센은 섬에 도착했다. 군주들과 대공들이 여름을 보내기 위해 전용 온천으로 몰려들었다. 안데르센은 국왕 내외의 만찬에 초대되었다. 그는 〈팽이와 공〉, 〈미운 오리 새끼〉를 낭독했다. 그는 대공 부인, 공주들과 함께 해변 산책로를 거닐며 산책을 했고 여왕과 뱃놀이도 함께했다. 왕은 〈돼지 치기 소년〉과 〈나이팅게일〉을 가장 좋아했다. 안데르센은 여러 번 두 이야기를 읽어 주었다.

그는 그곳에서 특이한 바닷물 목욕도 경험했다. 바닷물 목욕은 다음과 같이 하는 것이었다. 커다란 장화를 신은 하인이 말 잔등 위에 앉아서 목욕통을 끌어다 물속으로 밀어 넣는 동안 옷을 벗는다. 밀물이 너무 높아지면 하인이 다시 와서 목욕통을 해변 쪽으로 약간 당겨 놓는다. 해변으로 나온 다음 돌아오는 길에 다시 옷을 입는다.

안데르센이 코펜하겐에 온 지 25주년이 되는 기념일이 되었다. 모두들 그를 둘러싸고 축하해 주었다. 온천장에 온 독일 방문객들은 광천수를 마시는 방에서 안데르센의 건강을 위해 건배를 했다. 왕은 그에게 해마다 지급하는 왕실 보조금을 인상하면 어떻겠느냐는 제안을 했다. 그는 자존심이 강해 그렇게 해 달라고 말하지 못했지만 다음 해 그의 연금은 200릭스 달러나 인상되었다.

안데르센은 아우구스텐보르 대공 내외의 초대를 받아 발트해의 알스 섬에 있는 아우구스텐보르 성으로 가서 3주간 머물렀다. 안데르센에게 주어진 행복의 절정기였다.

코펜하겐에 있는 두 노르 호텔로 돌아온 안데르센은 자신감에 가득 차서 그의 걸작으로 분류되는 두 개의 겨울 이야기 〈눈의 여왕〉과 〈전나무〉를 쓰기 시작했다. 〈눈의 여왕〉은 영감에 힘입어 종이 위에서 춤을 추듯이 솟아나왔다.

〈눈의 여왕〉은 그의 작품 중에서 자전적인 요소가 가장 적은 작품에 속한다. 눈앞에 펼쳐지는 설경, 숲 속에서 울부짖는 늑대와 까마귀 소리 등 묘사가 매우 풍부하고 이야기 속의 반전이 흥미진진한 이 이야기는 결말 부분에 이르러 선과 악의 선명한 대립으로 이야기의 중심 구조가 분명해진다.

그에 비해 〈전나무〉는 자기 인식을 통해 자신의 모습을 명확하게 그려낸 비극적이고 환상적인 이야기이다. 전나무는 안데르센 자신과 마찬가지로 환상가였다. 허영심과 두려움이 많고, 신경과민에 시달렸으며 조울증으로 희망과 절망을 오가며 흔들렸다. '그 순간에 행복을 느낄 수 있었더라면 좋았을 텐데. 이제 모든 게 다 지나가 버렸어!'라고 말하는 전나무의 독백은 마치 늘 새로운 것을 꿈꾸었던 안데르센 내면의 이야기처럼 들린다.

안데르센은 1845년 새해를 콜린 가족과 함께 맞았다. 따뜻하게 환영받았지만 안데르센은 여전히 이방인이었다. 익살꾼인 동시에 우울증 환자였던 그는 그들 속에 온전히 섞일 수가 없었다. 명성과 부는 그에게 위로를 주는 동시에 그를 더욱 고립시키는 것 같았다.

상류층으로 진입하는 사다리를 타고 올라온 안데르센은 자신이 속해 있던 세계에서도 더욱 멀어졌다. 동화만이 과거를 저버리지 않게 해 주는 수단이었다.

1845년 전반에 그는 계속해서 성공 가도를 달렸다. 소설《즉흥시인》이 영어와 러시아어로 번역되었다. 뉴욕에서는 곧 해적판이 돌았다. 2월에는 그의 동화에 곡을 써서 오페라로 만든〈운명의 꽃〉이 왕립극장 무대에 올려졌다. 3월에는 희극〈새로운 분만실〉도 초연되었다. 공연은 대성공이었다. 4월에는 국왕이 연간 보조금을 600릭스 달러로 인상해 주었으며《새로운 동화》제 3권이 나왔다. 6월에는〈종소리〉가 8월에는《가여운 바이올린 연주자》와《OT》가 영국에서 출판되었다. 9월에는《그림 없는 그림책》독일어판이 6판에 돌입했다. 그해 봄, 안데르센은 마흔 번째 생일을 축하하며 자신의 초상화를 두 번이나 그리도록 했다.

다음 달 요나스 콜린의 부인인 헨리에테 콜린의 임종에 불려갔을 때 그는 양아들로서 확고해진 자신의 위치에 감격스러워 했다.

새로운 동화집에서 안데르센은 여러 양식을 시도하고 있다.〈빨간 구두〉는 그가 쓴 이야기 중에서 가장 무시무시한 응징이 등장하며〈종소리〉는 이와는 달리 자연과 철학의 조화를 이상적으로 그리고 있다.

성공의 환희 속에서도 이따금 두려움이 그에게 찾아오고는 했다. 그의 명성이 높아질수록 덴마크에서는 그 명성을 시기하는 무리들이 많아졌다. 그들은 안데르센은 적대시했다. 카르스텐 하우크는 그의 소설 《라인 강의 성채》에서 안데르센을 자기만 생각하고 잘난 척하는 에인하르트로 그려 놓았다. 이 소설은 안데르센을 새삼 코펜하겐의 조롱거리로 만들어 버렸다. 안데르센은 하우크를 용서하고 관용으로 이를 받아들였다. 그러나 그의 마음은 몹시 상했다.

1845년 가을, 안데르센은 다시 장기간의 유럽 여행을 떠났다. 첫 도착지는 몰트케 백작의 집인 퓐의 글로루프 저택이었다. 나무들이 잎을 떨구고 가지를 드러낸 채 서 있었다. 서리가 내렸고 얼음이 떠 있었다. 바람이 불 때마다 마른 낙엽들이 바스락거리는 소리가 들려왔다. 안데르센은 자신이 나이가 들었음을 느꼈다. 안정을 찾지 못한 그는 혼자 정원을 거닐고 숲 속을 산책했다. 적막하고 고풍스러운 저택에서의 일상이 지루해서 미칠 지경이었다. 아우구스텐보르 공작의 고향인 그라벤스텐으로 옮겨가서도 기분은 나아지지 않았다.

그러다가 11월 18일 산책을 마치고 돌아온 안데르센은 〈성냥팔이 소녀〉를 썼다. 이 이야기에는 성냥팔이 소녀처럼 길에서 구걸을 하고 춥고 배고픈 몸으로 길거리를 헤맸던 안데르센 어머니의 어린 시절이 담겨 있다. 성냥팔이 소녀가 성냥 한 개비를 켤 때마다 상상의 세계가 눈앞에 펼쳐진다. 부유한 가정의 안락함, 따뜻한 할머니의 사랑, 그리고 천국. 하늘에 불꽃처럼 긴 꼬리를 그리며 떨어지는 별을 보고 "누군가 죽어가나 봐!"라고 소녀는 말하지만 죽어 가는 이는 바로 소녀 자신이었다. 소외된 사람들이 죽은 채 방치되는 사회의 냉혹함을 이 이야기는 적나라하게 보여주었다. 안데르센은 하루 만에 이 이야기를 완성했다.

며칠 후 그는 함부르크와 올덴부르크를 경유해서 베를린으로 떠났다. 이 여행은 우아한 귀족적 환경과 끊이지 않는 갈망으로 가득 찬 그의 내면적 삶이라는 두 세계 사이에 걸쳐진 여행이었다. 가는 곳마다 그는 왕실의 초대를 받았다. 《프러시안 타임스》에는 안데르센이 조국 덴마크보다 독일에 더 잘 어울린다는 기사가 실렸다. 크리스마스 즈음에 바이마르의 황태공 카를 알렉산더의 여동생인 프러시아의 공주가 사는 집으로 초대를 받았다. 안데르센은 공주에게 〈전나무〉와 〈미운 오리 새끼〉를 읽어 주며 무척 즐거워하는 공주의 모습을 흐뭇하게 바라보기도 했다.

일 년 만에 다시 만난 그림 형제는 이제 안데르센을 유명한 동화 작가로 알아보았다. 드디어 안데르센이 원하는 동료애적인 관계가 성립된 것이다. 당시 그림 형제는 60대였고 베를린에서 두 사람 모두 교수로 재직하고 있었다. 형인 야콥은 학구적이고 수줍음이 많은 진지한 총각이었고, 동생 빌헬름은 결혼해서 세 자녀를 둔 쾌활하며 인정미가 넘치는 사람이었다. 그림 형제는 법률을 공부했지만 대학에서 민속 문화에 심취하게 되어 20대부터 이야기를 수집하러 시골을 돌아다녔다. 그들은 옛날이야기 수집가였다.

새로운 동화를 쓰는 작가인 안데르센과 옛날이야기를 모은 수집가인 그림 형제 사이에는 깊은 동료 의식에서 싹튼 유대감이 있었다. 안데르센은 두 형제를 거의 매일 만났다. 그림 형제가 자신의 이야기를 듣고 자신의 동화에 대해 함께 이야기를 나누는 것은 안데르센의 오랜 소망이자 기쁨이었다.

1846년 1월 생애 처음으로 훈장을 받았다. 프러시아 국왕인 프레데리크 빌헬름 6세가 그에게 붉은 독수리 기사 작위를 주었던 것이다. 안데르센은 다시 바이마르를 방문했다. 두 번째 방문이었다. 황태공 카를 알렉산더는 어느 장군이 주최한 연회에서 안데르센을 다시 만났을 때 그의 손을 꼭 잡고 "오, 나의 친구"라고 호칭하며 반겼다. 황태공의 사랑은 각별했다. 열정적이면서 부드러우며 지적 호기심이 많고 허세를 부리지 않는 황태공은 안데르센이 스스로를 마음껏 드러내도록 했다. 공개적인 자리에서나 은밀한 공간에서 두 사람은 서로 꼭 껴안고 있었고 공식 만찬 중인 식탁 아래로 서로의 손을 꼭 쥐고 있기도 했다. 황태공은 밀담을 나누며 안데르센에게 언제까지나 친구로 남아 있어야 한다고, 바이마르를 제 2의 고향으로 생각해 달라고 애원하곤 했다. 황태공의 저택에서 연회를 가질 때면 안데르센을 태우러 차가 왔다. 그것은 안데르센의 일생에 처음 있는 일이었다. 한 공국의 후계자일 뿐만 아니라 러시아 황제의 조카이기도 한 황태공이 보여 준 관심은 안데르센의 자긍심을 한껏 높여 주었다. 안데르센은 높은 신분의 장벽을 잊지 않았지만 황태공의 사랑은 안데르센을 흥분시키는 것이었으며 허영심을 높여 주는 것이기도 했다.

그러나 바이마르는 스러져가는 왕국이었다. 다음 해 프러시아와 덴마크 사이에 전쟁이 일어났고 바이마르는 영원히 사라져 버리고 말았다.

1846년 영국은 아일랜드 대기근으로 물질적으로나 정신적으로 황폐해지고 있었다. 산업화의 영향으로 기계과학만이 융성하고 돈이 우상이 되었다. 빅토리아 시대 최고의 소설가로 떠오른 디킨스는 작품을 통해 이러한 사회 풍조에 대해서 날카롭게 비판했다. 또한 어린아이에 초점을 맞춘 디킨스의 소설은 독자들의 감정에 호소함으로써 어린 시절의 중요성에 대한 인식을 획기적으로 바꾸어 놓았다.

그러나 영국에서 새로운 유형의 어린이 책이 나오기 시작했다. 도덕적 교훈보다는 환상과 즐거움을 강조한 것이었다. 1846년, 바로 그 시기에 안데르센의 작품이 번역되기 시작했다. 안데르센의 동화는 네 명의 번역가 손을 거쳐 출판되었다.

그러나 영국에서 안데르센의 작품 번역은 여러 가지 문제를 안고 있었다. 무엇보다도 훌륭한 번역을 위한 노력이 부족했다. 번역 자들은 덴마크어를 제대로 배우려는 노력도 기울이지 않았고 덴마크어를 읽을 수 있는 일부 번역자들도 간편하게 독일어 번역판을 가지고 작업했다.

따라서 독일어판에 있던 오류는 그대로 이어졌고 거기에 새로운 오류가 덧붙여지기도 했다. 예를 들면, '나비'라고 번역해야 할 것을 '여름 새'로 번역한다든가, '제비'를 '산들바람'으로 옮기는 실수들이 생겨났다. 안데르센의 구어체와 수다스러운 어투, 비약과 유머, 따뜻함 속에 녹아 있는 풍자성 등도 번역을 하는 과정에서 사라져 버리고 말았다.

때로는 '미운 오리'가 '녹색 오리'로 둔갑하는 경우까지 발생했다. 행복한 결말을 만들기 위해서나 잔혹한 장면을 피하기 위해서 이야기가 변형되는 경우도 있었다. 물론 아무리 나쁜 번역이라 할지라도 작품 전체를 훼손시키지는 못했다. 왜냐하면 안데르센의 동화는 워낙 구성이 탄탄하고 전달하려는 메시지가 분명했기 때문이었다.

1848년 《영국문화평론》에서 안데르센은 다음과 같은 평가를 받게 된다.

　건전한 분위기와 따뜻한 감성이 옛날이야기를 재미있게 만드는 안데르센의 동화는 최고라 할 수 있다. 이야기 하나하나에 무엇보다도 도덕성이 짙게 깔려 있으며, 책 전체에서 생각할 거리를 겸허하게 던져 주어 그 가치가 더욱 빛난다.

　안데르센의 영향력은 영국 아동문학에 빠르게 퍼져나갔다. 비록 어린이 작가라는 한계 속에서 이해받기는 했지만 안데르센은 아동문학을 19세기 문화의 한가운데에 올려놓은 것이다. 아이들을 위한 동화를 쓰는 일에도 상상력이나 문학적 재능이 필요하다는 사실을 보여 주었다. 환상 개념, 장난감과 동물들이 말을 하는 아이들만의 세계는 이후 《곰돌이 푸》에 막대한 영향을 주었고 그 유산은 오늘날의 디즈니 영화나 〈토이 스토리〉같은 영화에까지 이어지고 있다.

　안데르센은 1846년 6월의 어느 아침 런던 템스 강에 도착했다. 로테르담을 출발해 31시간 동안 바다를 건너온 것이다. 영국에 대한 첫인상은 그 큰 규모와 지칠 줄 모르고 빠르게 돌아가는 분주함이었다. 그리고 안데르센은 런던의 뒷골목에서 웅크리고 있는 가

난한 사람들에 대한 인상도 놓치지 않았다.

안데르센이 가장 좋아하는 두 사람이 런던에 와 있었다. 카를 알렉산더와 예니였다. 카를 알렉산더는 파벌을 이루고 있는 런던 문학계의 답답함을 안데르센에게 하소연했다. 예니는 런던에서 지난해 독일에서보다 더 큰 성공을 거두고 있었다. 그러나 안데르센 또한 예니를 만날 틈이 없이 바빴다. 파머스턴 경 저택에서 대환영을 받은 것을 시작으로 안데르센은 모건 부인, 스탠리 경 내외, 캐슬레이 경, 더프 고든 부인을 비롯해 빅토리아 왕조의 사교계를 주도하는 대부분의 오찬과 다과회, 만찬 자리에 초대되었다. 다음 달까지도 이런 모임은 연달아 반복되었다. 안데르센은 수많은 사람들에게 둘러싸였는데 주로 어린 숙녀들에게 열렬한 관심을 받았다.

스탠리 부인의 친구였던 작가 엘리자베스 리그비는 이렇게 회고했다.

"대체로 안데르센은 지성적으로나 감성적으로 호감을 주었다. 특히 감성적으로 좋은 느낌을 주었는데 그 자신이 상냥해 보였기 때문이다. 사람들이 그에게 친절히 대한 것도 당연하다. 그는 순진한 아이 그대로였기 때문에 딱딱해질 필요가 전혀 없었던 것이다."

스탠리 경의 집에서 안데르센을 만난 리 헌트는 또 이렇게 회고했다.

안데르센은 다 큰 어린아이 같고 반쯤은 천사 같은 사람이었다. 지위가 높은 사람도 많았으나 구두 수선공의 아들인 안데르센보다 더 돋보이는 사람은 없었다.

안데르센은 그해 런던 최고의 명사였다. 대공과 공주, 장관들이 서로 경쟁하듯이 그와 함께 하려고 애를 썼다. 그리고 일부 열성적인 애호가들은 안데르센의 호텔을 드나들기 시작했다. 안데르센의 비위를 맞추기 위해 애쓰는 번역가, 출판업자, 작가들이 몰려들었다. 그 중에는 하위트처럼 최악의 관계로 끝난 사람도 있었고 리처드 벤틀리처럼 평생의 우정으로 이어진 경우도 있었다.

하위트는 그의 남편과 함께 스칸디나비아 출신 작가들의 독일어판 책을 영어로 번역하는 일을 해 왔다. 그러나 그녀는 문학계와 연줄을 유지하기 위해 필사적으로 노력하는 약삭빠른 여자였다. 안데르센을 처음 번역한 작가로서 주인 행세를 했지만 안데르센의 번역자로서 버림받게 되자 1852년 발표한 회고록을 통해서 복수를 했다.

안데르센은 단순함과 속물근성이 기묘하게 조화를 이루는 사람이다. 훌륭한 동화에 생기를 불어넣는 그 어린아이 같은 마음이, 현실에서는 놀랍게도 왕자들의 눈길을 끌고 싶어 잔뜩 꾸미고 멋을 낸 모습으로 드러난다. 시인은 사라지고 그 자리에 자기밖에 모르는 이기주의자만 남아 있다.

　반면에 벤틀리는 명문가의 혈통을 지닌 점잖고 진지한 사람이었다. 1819년에 출판업을 시작한 그는 디킨스와 디즈렐리의 책을 펴냈으며 자신이 발간하는 잡지에 롱펠로우와 새커리의 글을 싣기도 했다. 그는 신중하고 나서지 않는 사람이었기 때문에 안데르센의 신뢰를 얻을 수 있었다. 안데르센은 영국에 도착한 지 2주 만에 벤틀리의 별장에서 지낼 정도로 그를 편안하게 여겼다. 1848년에는 소설 《두 명의 남작 부인》을 그에게 헌정했으며 수차례 찾아가기도 했다. 벤틀리는 안데르센의 출판업자뿐 아니라 평생 우정을 나누는 친구가 되었던 것이다.

　영국에서 디킨스와 가진 만남이 가장 기념이 될 만했다. 두 사람 모두 빈곤과 가난을 겪었고 하층민의 삶에 대한 남다른 이해를 갖고 있다는 공통점이 있었다. 디킨스는 일찍이 안데르센에게 관심이 많아 그가 런던에 있다는 사실을 알고 "안데르센을 꼭 만나야만 한다"는 편지를 제르단이라는 사람에게 보냈을 정도였다. 두 사람은 서로 손을 움켜잡고 눈을 마주보고 웃으며 기뻐했다. 서로를 무척 잘 알고 있다는 기분이었다. 안데르센의 서툰 영어도 장애가 될 수 없었다. 디킨스는 안데르센의 말을 이해했고 안데르센도 디킨스를 이해했다.

디킨스가 여름을 보내기 위해 도시를 떠나 있었기 때문에 다음 날 아침 식사 시간에는 만날 수 없었다. 안데르센이 묵고 있던 호텔로 찾아 왔을 때에도 두 사람은 서로 어긋났다. 디킨스는 열두 권에 달하는 자신의 작품선집을 남겨 두고 갔다. 각 권마다 "한스 크리스티안 안데르센, 그의 친구이며 숭배자인 찰스 디킨스가"라고 서명이 되어 있었다. 안데르센은 서툰 영어 실력으로 제르단을 통해 답장을 보냈다.

친애하는 벗에게, 나는 디킨스의 위치 모릅니다. 이 편지를 그에게 즉시 전해 주시겠습니다. 어제 나는 교외에서 돌아왔습니다. 그가 나에게 자기 작품을 두고 갔습니다. 오, 너무 행보캅니다.

안데르센은 차츰 지나친 사교 생활로 인한 짙은 피로를 느꼈다. 게다가 런던을 피해 달아나다시피 했던 스코틀랜드 여행은 그를 더욱 지치게 만들었다. 그는 런던으로 다시 돌아와 카를 알렉산더와 디킨스에게 편지를 남겼고 떠나기 전날 저녁 디킨스 가족과 함께 식사를 했다. 어린아이들에게 둘러싸인 행복한 시간이었다.

안데르센은 이제 다시 코펜하겐에 도착했다. 그가 외국에서 떨친 명성에 대한 소문이 따라왔다. 그러나 덴마크는 안데르센에게 호의적이지 않았다. 《해적선》이라는 잡지에는 "유명한 안데르센"이라는 제목의 풍자적인 4단 만화가 실렸다. 안데르센을 알아본 두 명의 신사는 큰 소리로 낄낄거리며 '저기 보게, 해외에서 유명한 우리의 오랑우탄이 저기 서 있네!' 라고 말할 정도였다.

그러나 안데르센은 고국에서의 냉대에도 아랑곳하지 않고 국제적인 쓰기 작가로서 자신의 위치에 자신감을 얻었다. 그는 곧 새로운 동화를 쓰기 시작했다. 그리고 수 년 동안 머릿속을 차지했던 극시 〈아하스베루스〉를 완성해서 출판했다.

이 극시는 성공하지 못했다. 그러나 1847년 가을에 나온 다섯 편의 이야기는 다재다능하고 창의적인 동화작가로서의 재능을 유감없이 펼치고 있었다. 다섯 편 중에 세 편은 경쾌한 희극 소품이었다.

〈행복한 가족〉은 귀족 저택에서 까맣게 요리되어 은쟁반에 놓이길 바라며 초라한 숲에서 살고 있는 달팽이 가족의 이야기이다.

〈전나무〉가 자신의 현재에 충실하지 않는 데 비해 이들 가족은 자기 운명을 떳떳하게 받아들인다.

〈옷깃〉은 그의 자화상에 가깝다. 옷깃은 양말끈, 다리미, 가위, 빗 등 모든 여인들에게서 거절당한다. 옷깃은 제지 공장의 넝마주머니 안에서 거짓 연애담을 쉬지 않고 늘어놓으며 생을 마친다. 절

묘한 반전 속에 옷깃은 흰 종이로 변한다. 이는 자신을 트집하는 덴마크 신문에 대한 조롱이자 자기 이야기를 하지 않고는 못 배기는 자신에 대한 달콤 쌉싸래한 농담이라고도 할 수 있다.

〈물방울〉은 과학자였던 외르스테드를 위해 쓰였는데 '꿈틀꿈틀 스멀스멀'이라는 이름의 마법사가 더러운 물 한 방울을 확대경으로 들여다보고 그것이 무엇인지 알아맞추어 보라고 한다. 친구는 '여기는 코펜하겐이야. 아니면 다른 도시거나. 모두 비슷하지! 어쨌든 도시야!'하고 말한다. 약자가 짓밟히고 잔인한 자만이 살아남는 도시를 정글에 비유한 것이다. 안데르센은 빈부의 양극단이 존재하는 런던을 보며 도시 생활의 실상에 대해 생각한 것이다.

나머지 두 편은 〈낡은 집〉과 〈한 어머니 이야기〉로 인생의 무상함과 덧없음, 어린아이의 죽음을 통해 살펴본 삶의 지독한 아이러니를 다루고 있다.

그는 이 동화들을 11월에 완성하여 런던에 있는 벤틀리에게 제일 먼저 원고를 보냈다. 처음으로 덴마크 바깥에서 출판하기로 한 것이다. 그것은 안데르센이 스스로를 이제 일국의 작가가 아닌 유럽의 작가라고 생각하고 있다는 것을 의미한다. 디킨스에게 헌정된 이 책은 《영국 친구들에게 보내는 크리스마스 인사》라는 제목을 달고 있었는데 런던을 떠난 여름에 그가 누렸던 최고의 인기를 뒷받침해 주는 것이기도 했다.

전쟁의 그늘

1848년 유럽에서는 혁명의 열기가 끓어오르고 있었다. 프랑스에서는 2월 혁명 끝에 공화정이 선포되었고 그 열기는 이탈리아, 프러시아, 비엔나로 번져 나갔다. 덴마크 또한 격렬한 변화를 겪고 있는 유럽의 열기로부터 자유롭지 않았다. 슐레스비히와 홀슈타인 공국에서 봉기가 일어난 것이다. 슐레스비히와 홀슈타인 공국은 덴마크의 지배를 받고 있으나 대부분 독일인이 거주하고 있었다. 그런데 이제 덴마크로부터 분리하기 위하여 전쟁을 시작한 것이다. 이 전쟁에 프러시아가 가담했기 때문에 전쟁은 덴마크와 프러시아의 전쟁으로 비화되었다.

약탈과 파괴, 젊은이들을 향한 무고한 살상이 아무렇지도 않게 일어나는 전쟁은 우울한 것이었다. 게다가 안데르센에게는 조국 덴마크에 대한 애국심과 자신을 따뜻하게 환대했던 독일 왕실에 대한 우정 사이의 깊은 번민이 있었다. 안데르센은 조국을 전쟁의 포화로 얼룩지게 한 독일에 대해서 분노하면서 또한 자신의 벗 카를 알렉산더 황태공에 대한 안타까움으로 어쩔 줄 몰라 했다.

그러나 안데르센은 자신의 본분은 오직 창작에 있다고 여겼다. 전장 가까이에 있기 위해 퓐 섬의 글로루프 저택에 머물면서 거기에서 그는 새로운 소설 《두 명의 남작 부인》을 썼다. 코펜하겐으로 돌아와 《두 명의 남작 부인》을 출판했다. 이 책은 호평을 받았으나 잘 팔리지는 않았다. 동화작가로서 굳어진 안데르센의 이미지 탓이었다.

9월 1일 휴전 협정이 맺어지자 안데르센은 뉘하운 67번지에 거처를 마련했다. 도로의 맨 끝에 있는 좁고 기다란 하얀 집이었다. 새 집은 바다를 마주 보고 있고 부두에서 돛대들이 부딪치는 소리가 끊임없이 들려오고 있었다.

1849년 덴마크와 독일 사이에 다시 전쟁이 터졌다. 독일의 작은 연방국 중 하나였던 바이마르가 프로이센에 가담했다. 카를 알렉산더가 슐레스비히 홀슈타인에 있는 덴마크인들을 공격하기 위한 지원병들을 지휘하고 있었다. 깊은 우울감에 빠진 안데르센은 전쟁이 끝나기만을 바랄 뿐이었다. 그는 전쟁에서 멀어지기 위해 스웨덴으로 석 달간의 여행을 떠났다.

스웨덴의 시골 마을은 오지와도 같았다. 기차나 역마차도 없었고 흔한 관광객 또한 찾아 볼 수 없었다. 안데르센은 특히 달 계곡의 풍경에 감탄했다. 그의 영혼은 하늘 높이 비상해서 잠시 전쟁의 세계를 잊을 것만 같았다. 여행집 《스웨덴의 풍경》은 바로 이러한 여행의 산물이었다. 마치 세밀화를 그려 보이듯이 섬세한 묘사로 스웨덴 지방의 독특한 분위기를 보여 주고 있는 이 작품의 마지막 장에서 안데르센은 전쟁 시기에 인생과 예술에 대한 자신의 사색을 요약해 놓고 있다.

전쟁은 1850년까지 계속되었다. 안데르센은 이 시기를 우울하게 보냈다. 그가 우울증에 빠져들 때마다 탈출구가 되어 주었던 여행도 할 수 없었다. 몸이 쇠약해진 상태여서 작품을 쓰지도 못했다. 안데르센은 때를 기다린다는 생각으로 서두르지 않았지만 차츰 지치기 시작했다. 진정으로 탁월한 작품을 쓰지 못했다고 스스로 자책하기도 했고 초대를 받아 놓고 아무 말 없이 나타나지 않기도 했다.

안데르센은 정치적 성향의 작가는 아니었다. 구체제였던 왕정의 질서를 무너뜨리고자 일어났던 전쟁에 대해 그는 공감하지 못했다. 가난한 어린 시절을 보내며 사회적 소외감을 겪은 안데르센은 약자들에게 동정심을 느끼기는 했지만 사회질서가 바뀌어야 한다는 생각은 하지 않았다. 오히려 그 자신이 소외된 계층에서 벗어나 상류층에 편입하기 위해 필사적으로 몸부림쳤을 뿐이었다. 게다가 왕들을 절대적으로 사랑했던 어머니의 영향으로 그는 사회제도를 신뢰했고 군주의 신성한 권리를 인정했다. 그는 다른 많은 작가들처럼 예술적으로는 급진적이었으나 사회적으로는 보수적이었다.

그는 이 시기에 발레와 오페라 구상에 매달린 끝에 여러 편의 희극을 썼다. 그 중 《진주보다 황금보다 더 많이》는 1849년 새 극장 카지노에서 공연되어 대성공을 거두었으며 이후 40년 동안 162회나 공연되었다. 또 세 가지 소원을 빌어 부자가 되었지만 만족하지 못하는 굴뚝 청소부의 이야기인 《올레 루쾨이》는 구체제를 지지하는 작품이었다. 안데르센은 바이마르로 보낸 편지에서 '참된 행복은 건강한 정신과 만족할 줄 아는 즐거운 영혼에서 온다' 면서 '인간이 완전히 평등하다는 거짓된 이념이 대중을 지배하는 요즘 같은 세상에 아주 적절히 맞아떨어지는 교훈' 이라고 전하고 있다.

1850년 7월 평화협정이 체결되었고 곧 전투가 다시 재개되어 덴마크는 승리를 거두었다. 덴마크는 프러시아와의 전쟁을 끝내고 슐레스비히 홀슈타인 지역을 계속 보유하게 되었다. 그러나 전쟁은 많은 젊은이들의 목숨을 앗아갔다. 그중에는 안데르센의 친구 시그네 레세의 아들 프레데리크 레세 대령도 있었다.

　안데르센의 우울함은 계속되었다. 그의 가장 오랜 친구들이 세
상을 떠난 것이다. 1851년 3월 작곡가 친구의 부인인 엠마 하트만
이 세상을 떠났다. 그녀는 따뜻하고 포용력이 있으며 재치 있는 사
람이었다. 안데르센의 기분을 띄워 주거나 부드러운 농담으로 놀
리면서 그녀의 대가족 모임에서 편안함을 느끼게 해 주고는 했었
다. 엠마가 죽고 난 며칠 후 그녀의 여섯 살 난 딸도 병을 앓다가
세상을 떠났다. 그리고 4일 후에는 안데르센을 가장 깊이 이해해

주었던 친구 외르스테드가 세상을 떠났다. 안데르센은 이들의 연속된 죽음에 넋을 잃고 말았다. 일 년 전, 거의 같은 시기에 욀렌슐레게르가 운명을 달리했고 2년 전에는 안데르센의 후원자였던 크리스티안 국왕이 생을 마감했다. 안데르센을 코펜하겐에 정착시켜준 정점들이 사라져 버린 셈이었다. 그러는 사이에 유럽은 혁명의 열기 속에서 알아볼 수 없게 변해가고 있었다.

끊이지 않는 실험 정신

안데르센은 늘 새로운 것에 도전하는 작가였다. 그는 호기심이 많았으며 심미적으로 열려 있었다. 독창적이었으며 싫증 또한 잘 냈다. 그의 많은 동화들이 다양한 주제를 폭넓게 담고 있는 것은 바로 이러한 안데르센의 실험적인 도전 정신 때문이었다.

전쟁이 끝나자 안데르센은 다시 여행을 떠났다. 1851년 5월에는 요나스 콜린의 손자 비고 드레센을 데리고 독일과 체코 프라하를 경유하는 여행을 다녀왔다. 슐레스비히 홀슈타인을 지나면서 곳곳에서 전쟁의 상흔과 맞닥뜨렸다. 불타버린 건물, 대포 구멍들이 골을 이룬 황량한 땅, 무덤들이 줄지어 서 있는 마을을 지나면서 안데르센은 마치 죽음의 나락을 지나온 것 같은 느낌을 받았다.

뉘하운으로 돌아온 안데르센은 9월에 명예교수로 임명되었다. 그리고 전쟁이 지속되는 동안 잠시 동화 쓰기에 침묵했던 그는 4년 만에 새로운 이야기책을 썼다. 1852년 봄에 첫 권이, 11월에 나머지 한 권이 출판되었는데 이 책들은 처음으로 '동화'가 아닌 '단편들'이라고 불렸다. 마법이나 초자연적 요소가 사라진 이 작품들은 어른을 위한 단편 소설이었다.

〈지금부터 천년 후〉라는 이야기에는 이러한 도전 정신이 잘 드러나고 있다. 미국에 사는 젊은이가 증기 날개에 올라탄 채 앞으로 유럽을 어떻게 여행하게 될지를 그린 두 쪽 분량의 이 이야기는 현대 기술 문명의 하나인 항공 여행과 해저 터널을 정확히 묘사하는 예언자적인 시각을 보여주고 있다.

자신의 어머니를 바탕으로 쓴 〈쓸모없는 여자〉와 예니에게 구애했다가 실패한 경험을 바탕으로 쓴 〈버드나무 아래에서〉는 이 시기의 작품들로 자전적 요소가 많은 감상적인 이야기이다. 이 작품들은 자신의 이야기에 집중되어 있을 뿐 아직까지 새롭고 분명한 자신의 스타일을 보여 주지 못하고 있었다. 그는 단편에 걸맞는 새로운 양식을 확립하기 위해 이후 10년간 영감을 찾아다니게 된다.

1852년 5월 안데르센은 드디어 바이마르를 방문했다. 전쟁이 남긴 상처는 바이마르에도 있었다. 시종장인 볼리에는 덴마크와의 전쟁에서 머리가 찢어진 상처를 입었다. 그는 안데르센을 처음 카를 알렉산더 황태공에게 소개시켜 주었던 사람이었다. 볼리에와의 만남은 부드럽지 않았다. 궁정의 다른 측근들과의 관계도 마찬가지였다. 물론 왕실 가족은 여전히 온정이 넘쳤으나 안데르센의 불편한 마음은 가시지 않았다.

그러나 안데르센은 바이마르에서 유럽 예술을 새롭게 호흡하게 된다. 괴테, 실러, 헤르더 등에게 헌정된 방들, 정치와 예술에 대한 급진적인 생각이 오가는 늦은 밤의 파티, 전위 음악의 선구자 역할을 하고 있던 리스트와 그의 연인 카롤리네 후작 부인과의 만남 등에서 안데르센은 유럽의 새로운 분위기를 만끽할 수 있었다.

바이마르를 떠나 안데르센은 바이에른에서 젊은 왕 막스와 한때를 보내고 계속해서 스위스로 갔다. 소르젠프리 성에서 덴마크 왕족의 미망인 카롤리네 아말리아를 만난 것을 끝으로 안데르센은 코펜하겐으로 돌아왔다.

1853년 봄 덴마크에서 오랫동안 안데르센의 작품들을 출판해 왔던 출판업자 카를 레이첼이 세상을 떠났다. 그리고 얼마지 않아 바이마르의 왕 카를 프리드리히가 죽음을 맞이했다. 그해 봄은 코펜하겐에 콜레라가 퍼져 3개월 만에 5천 명에 가까운 희생자를 냈다. 거기에는 안데르센이 아는 많은 사람들이 포함되어 있었다. 친구이면서 시인이자 사제인 요하네스 보위에, 에드바르의 장모인 올린네 튀베르, 또 다른 콜린 가족의 친척들이 그들이었다. 글로루프에 머물고 있던 안데르센은 매일 들려오는 부음을 들으며 눈물을 흘렸다.

1853년부터 1855년까지 안데르센은 작품전집을 새롭게 편집해 내는 일에 매달렸다. 모두 스물두 권이었던 이 전집은 1853년 11월에 처음 두 권이 나왔다. 안데르센은 그 대가로 많은 돈을 받았고 이 돈으로 1854년부터 1855년까지 여행을 다녔다.

작품전집은 그동안 주로 냉대와 질시만을 보여주던 덴마크인들이 안데르센에게 깊은 존경심을 보이게 했다. 아이슬란드 작가인 그리뮈르 톰센이 1855년 20쪽에 달하는 장문의 안데르센에 관한 평론을 발표하자 안데르센은 이루 말할 수 없이 기뻤다.

1855년 6월 에드바르의 형인 고틀리에브의 아들 에드가르 콜린과 함께 안데르센은 다시 독일과 스위스 여행을 다녀왔다. 맥스 왕을 다시 한 번 방문했고 취리히에서 바그너를 만났다. 바이마르에서는 리스트와 함께 1830년대에 썼던 가극 《어여쁜 키르스텐》을 무대에 올리기 위한 작업을 했다.

이 여행 중 가장 의미 있었던 일은 윌드베드의 온천에서 안데르센이 자신의 인생에서 가장 중요한 두 사람인, 에드바르와 카를 알렉산더를 서로에게 소개시켜 준 일이었다. 그간 동화작가로서 안데르센이 쌓은 명성에도 불구하고 콜린 가에서는 안데르센을 유명인으로 인정하지 않았다. 콜린 가족은 안데르센을 자신들의 후원을 받고 있는 가난한 예술가로만 여겼을 뿐이었다. 그러나 카를 알렉산더를 만난 뒤에 에드바르는 비로소 안데르센의 명성을 이해하게 되었다.

코펜하겐으로 돌아온 안데르센은 겨울을 지내며 에슈리크트 교수의 유물론에 관한 책에 빠져들게 되었다. 그리고 곧 철학 소설 《사느냐 죽느냐》를 구상하기 시작했다. 1856년 셸린의 남쪽 해안가에 있는 두 곳의 귀족 저택에서 안데르센은 이 소설을 썼다. 안데르센이 전쟁 기간 동안 경험한 정신적 위기에 대한 이야기인 이소설은 신앙과 과학적 합리주의 사이의 갈등을 다루고 있다. 주인공 닐스는 기독교 신념을 상실하고 과학에 열정적으로 관심을 쏟지만 결국에는 영혼의 불멸을 믿는 신앙을 되찾는다는 내용이다.

《사느냐 죽느냐》를 쓰면서 지냈던 곳은 새로 사귄 귀족 친구 헨리에테 스카베니우스의 저택인 바그네스와 미미 홀스테인 백작 부인의 집인 홀스테인보르 저택이었다. 헨리에테 스카베니우스 부인과 미미 홀스테인은 변덕스럽고 괴팍한 안데르센의 요구와 응석을 들어주면서 그를 평온하게 해 준 귀부인들이었다. 안데르센은 홀스테인보르와 바그네스에서 조용하고 안락한 일상에 푹 파묻혀 보냈다. 이때부터 죽을 때까지 안데르센은 이 두 저택을 자주 방문하며 자기 집이나 다름없이 지냈다.

1856년 7월 안데르센은 디킨스에게 한 통의 초대장을 받고 흥분을 감추지 못했다.《사느냐 죽느냐》를 영국에서 출판할 예정으로 영국 출판업자 리처드 벤틀리의 초대 또한 받아 놓고 있었던 지라 안데르센은 기꺼이 디킨스의 초대에 응했다. 그러나 안데르센은《사느냐 죽느냐》의 원고를 교정하느라 바쁜 시간을 보내고 있었던 탓에 초대받은 지 9개월이 지나서야 답신을 보냈다.

한편 디킨스는 자신의 작품《어린 도릿》의 마무리 작업에 바쁜 나날을 보내고 있었다. 얼마 전에는 가장 가까웠던 친구 더글러스 제럴드가 가난 속에 가족을 남겨두고 세상을 떠났던 터라 유가족을 위한 기금 마련을 위해 윌키 콜린스가 쓴《얼어붙은 심연》을 무대에 올리기 위한 준비로 정신이 없었다. 이 공연을 통해 엘렌 터넌을 만났는데 터넌은 이후 디킨스의 정부가 된다. 디킨스는 바쁜 데다가 결혼 생활의 파경을 앞두고 있는 실정이었다.

안데르센은 1857년 6월 11일 영국 디킨스의 집에 도착했다. 그는 따뜻하게 환영받았다. 서로 포옹하고 아침 식사를 하고 함께 정원을 산책했다. 디킨스의 집은 마치 하나의 정원 같았다. 언덕에서는 템스 강이 보이고 들판 너머로 바다를 볼 수 있었다.

하지만 그 뒤로 이어진 날들은 불편함의 연속이었다. 침실은 조금 추웠고 다음 날 아침 안데르센을 도와주러 오는 사람은 아무도 없었다. 벗어놓은 옷을 치울 사람도, 면도를 해 줄 사람도 없어서 안데르센은 면도를 하기 위해 아침마다 차를 타고 로체스터 거리에 있는 이발소에 다녀와야 했다. 게다가 디킨스는 아침에 런던으로 떠났다가 저녁때가 되어 돌아왔다.

디킨스의 가족과 함께 있는 낮 시간은 안데르센에게는 견디기 힘들었다. 영어가 서툰 안데르센은 의사소통에 어려움을 느꼈고 아이들에게 날카로운 시선과 고집불통을 느꼈다. 디킨스의 아들들은 안데르센을 돌봐주기는커녕 그를 무시했다. 심지어 열다섯 살 난 에드워드는 안데르센을 향하여 "창밖으로 던져버릴 테야"라는 말을 입에 달고 다닐 정도였다. 상냥하지 않은 디킨스의 가족들과 자신의 서툰 영어 때문에 안데르센은 나날이 여위어갔다.

《사느냐 죽느냐》에 대한 비평이 영국 언론에 등장하기 시작하자 안데르센은 더욱 예민해졌다. 비평가들의 반응은 좋지 않았다. 《에서니엄》지는 "그의 실패는 명백하다. 충분한 지식이나 합의도 없이 안데르센 씨는 일부 젊은 지성과 감수성이 예민한 이들을 기만할지도 모른다. 한 마디로 이 책은 위험하다"라고 평했다.

안데르센은 절망에 빠졌다. 머리가 무겁고 피곤하고 혼란스럽게만 여겨졌다. 이런 안데르센에게 디킨스는 호탕하게 말했다. "당신 자신이 쓴 것 말고는 신문에 난 글을 절대 읽지 말아야 합니다. 나는 24년 동안 나에 대한 비평을 읽지 않았습니다." 그리고는 안데르센을 껴안으며 말했다. "신문 때문에 화내지 마세요. 그런 것들은 일주일이면 모두 잊혀지지만, 당신 책은 영원할 것입니다!"

안데르센은 디킨스의 말에서 큰 위로를 받았다. 디킨스는 활기찬 영혼의 소유자였다. 그러한 영혼이 뿜어내는 풍부한 매력에서 안데르센은 선뜻 멀어질 수가 없었다. 안데르센은 디킨스의 집에서 예상했던 기간보다 두 배나 더 머물렀다. 안데르센은 종이로 온갖 종류의 모양을 오렸으며 숲에서 꽃을 주워 작은 꽃다발을 만들었다. 디킨스와 함께 런던으로 가서 연극 공연을 보기도 하고 혼자서 출판업자 벤틀리의 집도 방문했다. 드디어 안데르센이 코펜하겐으로 떠나는 날 안데르센은 눈물에 목이 메었다. 그러나 디킨스는 안데르센이 떠난 후 그가 묵었던 방 벽에 다음과 같은 쪽지를 꽂아 놓았다. "안데르센이 이 방에서 5주간 묵었다. 우리 가족에게는 '일평생' 같았다!"

안데르센은 파리와 드레스덴을 거쳐 고국으로 돌아오는 길에 바이마르를 잠시 방문해 카를 알렉산더를 만났다. 그의 생애 마지막 만남이었다. 우울한 마음으로 코펜하겐에 돌아오면서 안데르센은 자신을 제대로 인정해 주는 사람이 없다고 한탄했다. 그럼에도 아무리 고통스러울지라도 이렇게 '살지' 않고는 자신은 존재할 수가 없다고 그는 생각했다. 이것은 바로 안데르센의 후기 작품에 현대성을 부여하고 있는 존재론적 물음이었다. 안데르센은 콜레라가 극성을 부리는 코펜하겐을 피해 시골에서 1857년 가을과 겨울에 그 어느 때보다도 많은 작품을 쓰면서 보냈다.

1858년은 안데르센이 동화작가로서 새로운 장을 열어젖힌 해였다. 그는 그 다음 해까지 연속해서 네 권의 《새로 나온 동화와 단편 모음집》을 발표했다. 그리고 주제와 형식면에서도 훨씬 더 다층적이고 혁신적인 모습을 보여 주고 있다. 이렇게 발표된 안데르센의 동화는 단지 어린아이를 위한 것이라는 한정을 넘어서는 것이었다.

1858년 3월에 출판된 《새로 나온 동화와 단편 모음집》은 열흘 만에 매진되었다. 그리고 같은 달에 그는 국왕 프레데리크 7세의 만찬에 초대되어 단네브르 은십자가 훈장을 받았다.

1850년대 내내 그는 신앙과 불멸이라는 문제에 몰두했다. 그리고 드디어 그가 매달려왔던 숙명론과 긍정적 기독교 세계관을 동시에 표현할 수 있는 시적 이미지를 찾아낸 것이다. 〈늙은 참나무의 마지막 꿈〉은 수백 년을 사는 참나무와 단 하루를 사는 하루살이의 운명을 비교한 이야기이다. 풀잎 위로 미끄러지는 하루살이, 나뭇잎 사이로 비쳐드는 햇살, 날개를 씻어내고 있는 여치 등 자연

세계에 대한 묘사는 아주 섬세하다. 크리스마스 날 나무는 천국에서의 더 나은 삶을 꿈꾸며 캐럴에 맞추어 폭풍 속에서 쓰러진다. 그가 살았던 365년은 이제 하루살이의 인생과 같아지는 것이다.

이러한 주제를 더 복합적으로 보여주고 있는 것은 〈늪 대왕의 딸〉이다. 이 이야기는 5월에 발표된 《새로 나온 동화와 단편 모음집》 제 2권에 실려 있다. 이 이야기는 황새 가족이 화자가 되어 죽어 가는 아버지를 살리기 위해 마법의 꽃을 찾아 백조가 되어 날아가는 바이킹 시대 이집트 공주의 모험담을 들려주고 있다. '사랑은 생명의 원천이다'라고 하는 이 이야기의 주제는 서로 얽힌 구성을 통해서 드러난다. 그리고 숭고한 주제를 황새의 익살스러운 말투로 엮어 내는 새로운 서술 양식을 보여 주고 있다.

1858년 6월과 8월 사이에 그는 독일과 스위스를 다시 여행했다. 독일과 덴마크 사이의 정치적 긴장이 여전했으므로 바이마르는 피해갔다. 그리고 여행 중에 헨리에테 볼프의 편지도 받았다. 헨리에테는 안데르센이 문법학교 학생이었을 무렵 교류했던 볼프 장군의 맏딸이었다. 영리하고 재치가 있었지만 못생긴 곱사등이었기 때문에 그녀는 스스로를 아웃사이더라고 생각했다. 그러나 그녀는 안데르센이 십 대였을 무렵부터 안데르센을 인정해 주고 격려해 준 유일한 존재였다. 안데르센은 무명의 시절부터 줄곧 정신

적으로나 심리적으로 의지하고 있었고 평생에 걸쳐 그녀와 편지를
주고받아 왔다.

미국으로 이민을 가려 했던 헨리에테 볼프는 마지막으로 안데르
센을 만나길 원했다. 그러나 안데르센은 구실을 만들어 헨리에테
를 만나러 가지 않았다. 그로부터 몇 주일 후 헨리에테는 배를 타
고 뉴욕으로 떠났는데 그 배가 화재로 침몰하였다. 560명의 승객
중에서 목숨을 잃은 470명과 함께 헨리에테도 목숨을 잃었다. 선
실에서 질식사했다고 한다.

이 소식을 들은 안데르센은 망연자실했다. 불더미 속에서 몸부
림치는 헨리에테의 영상이 마음속에서 끊임없이 떠올라 안데르센
을 괴롭혔다. 안데르센은 헨리에테를 잃어버린 상실감 속에서 그
녀의 죽음에 대한 시를 발표했다. 그리고 그해 10월 사망자와 구
조자의 명단에서 헨리에테의 이름을 확인하기 위해 기다리면서 안
데르센은 새로 조직된 코펜하겐의 기능공 협의회로부터 청탁받은
연설을 준비했다. 좌석은 곧 다 찼다. 서 있는 공간도 꽉 찼다. 건
물 밖에 있는 사람들은 창문에 기어올라 문을 열어 놓으라고 요구
했다. 그들은 지금까지 안데르센의 청중이었던 귀족과 왕자들이
아니었다. 안데르센이 청중으로 처음 대하는 그들은 수많은 노동
자들이었다. 안데르센은 곧 감동적인 연설을 했다.

동화작가로서 안데르센은 어느 때보다 자신감이 넘쳤다. 그는 1858년 겨울과 1859년 봄에 걸쳐 여섯 편의 새로운 이야기를 썼고 형식에서 훨씬 더 혁신적인 실험을 시도했다.

〈바람이 들려주는 발데마르 다에와 그 딸들의 이야기〉는 셀란 남부에 있는 보레뷔 대저택의 쇠망에 대한 이야기이다. 이 이야기에서 화자는 바람 소리이다. 저택이 무너져 내릴 때까지 오로지 금을 만드는 일에만 집착하는 연금술사인 귀족 다에와 그 딸들의 운명을 바람이 들려주고 있다.

〈안네 리스베트〉는 못생긴 자기 아들을 버리고 백작의 아들을 돌보는 유모가 된 안네의 이야기다. 안네는 도시에서 사모님 소리를 듣는 스스로를 고상한 사람으로 여기지만 청년이 된 백작의 아들은 안네를 보고 반가워하지 않고 버림받은 자신의 친아들은 바다에 빠져 숨진다. 계속되는 악몽을 꾸는 안네는 아들의 주검을 찾아 교회에 묻어 주어야겠다고 생각한다. 현실과 환각을 오가는 점, 안네의 깊은 무의식에 드리워진 죄의식의 문제 등은 안데르센이 현대 작가들에 앞서 무의식적 정신세계를 깊이 탐구했음을 보여주고 있다.

〈탑지기 올레〉는 야경꾼에 대한 으스스한 분위기의 이야기이다. 이들 이야기들은 한결같이 죽음의 불가피성, 내세관, 한줌의 재로 돌아가는 인간 등을 주제로 하고 있고 각각 다른 분위기에서 이야기를 들려주고 있다.

이 무렵 발표한 안데르센의 동화 작법은 새로운 모습을 보여 주고 있다. 시적 이미지, 문체에서 드러나는 의미, 줄거리의 약화, 등장인물 성격의 가변성, 무의식 등은 현대적이고 실험적인 장르로 동화를 재창조했음을 보여 주는 것이다.

안데르센은 1859년 6월부터 9월까지 윌란 해안을 따라 덴마크 최북단인 스카겐까지 가는 여행을 한다. 이 여행은 그에게 풍성한 수확을 안겨 주었다. 세찬 폭포처럼 해안에 부딪치며 밀려와 벼랑에서 진흙을 무너뜨리는 바다, 거대한 모래 언덕을 채찍질하는 북해의 폭풍 등은 그대로 한 편의 소설이었다. 안데르센은 여행 후 윌란에 대한 두 편의 이야기를 썼다. 그 중 〈모래 언덕에서 들려오는 이야기〉는 스카겐의 명소인 덴 틸산데데 키르케 교회를 둘러싼 이야기이다. 거대한 첨탑만 빼고 모래에 파묻혀 있는 이 교회에 대해서 안데르센은 마치 밀려왔다 밀려가는 폭풍우가 해설을 들려주는 듯한 마술적인 리듬과 곡조로 이야기하고 있다. 〈모래 언덕에서 들려오는 이야기〉는 1859년에 출간된 《새로 나온 동화와 단편 모음집》 제 4권에 실린 이야기 중 가장 돋보이는 작품으로 이 책의 초판 5천부는 나오자마자 매진될 정도였다.

안데르센은 이제 고국 덴마크에서도 인정을 받았다. 오래 전부터 써 왔던 그의 자서전인 덴마크판 《내 인생의 동화》가 재판에 들어갔고 그의 왕실 후원금은 일 년에 6백 릭스 달러에서 1천 릭스 달러로 인상되었다. 그리고 12월에는 바이에른의 막시밀리안 국왕에게 과학예술 분야의 막시밀리안 훈장을 받았다. 안데르센은 다음 해에 바이에른으로 떠났다.

마지막 연인

독일 남부에 있는 바이에른은 아름다운 곳이었다. 수정같이 맑은 호수에 비친 높은 산, 바로크 건축물의 장엄한 모습, 그리고 무엇보다도 안데르센을 아껴주는 맥스 왕이 있었다. 1860년 7월 독일 남부를 여행하던 안데르센은 10년에 한 번씩 공연되는 그리스도 수난극이 공연되고 있었던 바이에른의 오버아머가우를 방문했다. 그가 그곳에서 만난 사람은 마침 이 연극을 보기 위해 와 있던 샤르프였다.

안데르센은 그를 1857년 파리에서 처음 만났다. 안데르센은 디킨스의 집에 머물렀다가 덴마크로 돌아가는 중이었고 샤르프는 덴마크 배우 에크하르트와 함께 파리에 머물고 있었다. 샤르프는 마르고 유연한 몸집의 스물한 살 청년으로 코펜하겐 왕립극장의 화려한 무용수였다. 검은 눈과 긴 속눈썹, 짙은 고수머리와 도톰하고 육감적인 입술은 매력적이었으며 어딘가 불안한 표정은 사람의 마음을 끌어당겼다.

연극은 웅장했고 고귀한 아름다움을 담고 있었다. 야외극장에서 아침 8시부터 오후 5시까지 이어진 연극을 보는 내내 안데르센은 아름다움과 평안함에 잠겼다. 그의 곁에 샤르프가 있었기 때문이었다. 샤르프는 에크하르트와 함께 와 있었는데 세 사람은 내내 붙어 지냈다. 오버아머가우에서 뮌헨으로 이동한 뒤에도 마찬가지였다. 세 사람은 함께 시민극장으로 바실리카로 카울바흐의 작업실로 돌아다니며 밤이면 함께 대화를 나누었다.

샤르프와 에크하르트가 잘츠부르크로 떠난 다음 날 안데르센은 사진사 프란츠 한프슈텐겔의 작업실에서 사진을 찍었다. 쉰다섯 살의 안데르센은 이제 차분하면서도 노년을 앞에 둔 위엄을 갖추고 있었다. 여전히 마르고, 긴 팔과 크고 앙상한 손은 딱딱한 느낌을 주긴 했지만 열정적으로 빛나는 두 눈은 강렬하고 지적인 느낌을 주었다. 오랜 사색과 열정의 흔적이 그의 모습에 아로새겨져 있었다.

안데르센보다 서른 살 이상 어린 샤르프는 안데르센처럼 유명한 인물과 가까워진다는 사실을 매력적인 일로 여겼다. 두 사람 사이에는 곧 편지가 오갔고 안데르센은 자신의 사진을 샤르프에게 보냈다.

안데르센은 스위스로 떠났다. 그러나 여행의 즐거움은 곧 사라지고 말았다. 샤르프가 없었기 때문이다. 그는 9월 초순을 제네바에서 보내며 급속도로 우울한 감정에 빠져들었다. 코펜하겐을 거쳐 크리스마스 휴가를 보내기 위해 바스네스로 돌아왔을 때에야 안데르센은 원기를 회복할 수 있었다. 바스네스 저택에서 안데르센은 제야의 저택 숲 속을 배경으로 한 짧은 이야기인 〈눈사람〉을 썼다. 이 이야기는 서정적이고 가슴 아픈 이야기이다. 여기에는 사랑은 보답 없는 뜨거운 고통이라는 시각과 홀로 인생을 마칠 것이라는 씁쓸한 체념이 담겨 있었다. 그는 곧 〈은전 한 닢〉을 썼다.

1861년 1월 안데르센은 다시 사진가 루돌프 스트리글러에게 사진을 찍어 "사랑하는 샤르프, 한스 크리스티안 안데르센이 다시 네 곁에"라는 서명과 함께 샤르프에게 보냈다. 또 샤르프의 스물다섯 번째 생일인 2월 20일에는 《동화와 단편 모음집》 제 5권을 증정했다. 그러자 나흘 뒤에 샤르프가 안데르센을 만나러 왔다. 안데르센의 생일인 4월에 샤르프는 덴마크 조각가 헤르만 비센의 〈미네르바〉 복제품을 선물했다.

1861년 4월 안데르센은 로마를 향해 떠났다. 에드바르의 아들 요나스와 동행한 여행이었다. 안데르센은 여행 내내 열이 나고 몸 상태가 좋지 않았다. 로마 여행은 늘 안데르센에게 관능과 열정을 안겨 주었으나 이번에는 그의 원기를 북돋워 주지 못했다. 그는 모든 것이 시들했다. 그는 선정적인 이탈리아를 배경으로 음울한 에로티시즘을 보이고 있는 작품 〈프시케〉를 썼다.

로마를 떠난 안데르센과 요나스는 스위스 제네바 호반의 몽크뢰 휴양지에서 지냈다. 그곳에서 안데르센은 〈얼음 처녀〉를 썼다.

〈얼음 처녀〉는 얼음과 눈을 배경으로 스위스의 시골마을에 사는 루디와 바베테의 비극적인 사랑이야기이다. 안데르센은 이 이야기를 비외른손에게 헌정했는데 놀라우리만치 대담하다는 평을 들었다. 비외른손은 안데르센의 동화가 이제 더 이상 전통적인 이야기에 머물지 않고 비극과 희극, 서사시와 서정시를 아우르는 자유분방한 이야기들이라고 말했다.

덴마크로 돌아온 8월에도 안데르센은 〈얼음 처녀〉에 매달려 있었다. 그 무렵 사춘기 때부터 안데르센의 후원자이며 정신적 지주 역할을 해 왔던 요나스 콜린이 75세로 세상을 떠났다. 많은 예술가들을 후원해 왔던 요나스 콜린은 취향 면에서 안데르센보다는 루이제 하이베르에게 더 깊이 공감했다. 그러나 안데르센에게 요나스 콜린은 아버지 이상 가는 존재였다. 그는 깊은 상실감에 젖었다. 요나스 콜린은 죽을 때까지 안데르센의 꿈속에 자주 나타났다.

요나스 콜린이 죽은 후 안데르센과 샤르프의 우정은 마침내 연정으로 바뀌었다. 안데르센은 가을 내내 샤르프에게 자신의 작품 〈프시케〉와 〈얼음 처녀〉를 읽어 주었다. 1862년 1월부터 3월까지 안데르센의 일기에는 거의 매일 샤르프의 이름이 등장했다. '샤르프가 내게 달라붙어 목을 감싸 안고는 입을 맞추었다. 샤르프가 찾아왔다. 샤르프의 집에서 저녁을 먹었다. 샤르프가 찾아왔다. 그는 친밀하게 대해 주었고 나를 몹시 사랑한다.'

2월 17일쯤 사람들이 두 사람의 관계를 눈치채자 에드바르의 형인 테오도르 콜린이 안데르센에게 충고를 했다. 그러나 안데르센의 넘치는 정열은 그 무엇도 막을 수 없었다. 안데르센은 2월 20일 에크하르트의 집에서 샤르프의 스물여섯 번째 생일을 축하했다. 두 사람은 가끔씩 만나 마음이 통하는 이야기를 나누었고 안데르센은 샤르프의 공연을 보러 자주 극장에 갔다.

3월의 어느 날 저녁, 안데르센은 콜린의 손자인 에이나르 드레센에게 털어놓았다. "내가 보낸 애욕의 시간에 대해 모두 말했다"라고 그는 자신의 일기에 썼다. 안데르센과 샤르프 사이에는 어떠한 육체적 행위가 있었던 것일까. 우리는 다만 짐작만 할 뿐이다. 그러나 샤르프의 존재는 안데르센에게 기쁨과 성취감을 주고 잠시나마 외로움을 잊게 해 주었다는 사실만큼은 분명하다. 스스로 늙어가고 있다고 느끼는 안데르센은 샤르프를 통해서 젊음과 이어지고 있었다. 젊은이의 열정, 변덕스럽고 격앙된 성품, 무용가로서의 아름다움과 유연함 등은 늙어가는 작가의 혈기를 북돋워 주는 것이었다.

새로 발표한 안데르센의 동화는 이번에도 순식간에 팔려나갔다. 공연이 끝나는 6월이 되자 샤르프는 에크하르트와 함께 비엔나로 떠났다. 안데르센은 오래전부터 가고 싶었던 스페인으로 여행을 떠나기로 했다. 7월에 그는 다시 요나스 콜린과 함께 떠났다. 스페인에서 안데르센은 그다지 알려져 있지 않았다. 외국에서 흔히 받았던 인정도 그곳에서는 받지 못했다. 오히려 키가 크고 홀쭉한 외모 때문에 몇 번이나 길에서 놀림을 당했을 뿐이다. 게다가 여전히 샤르프에게 빠져 있는 안데르센에게 스페인의 풍광은 눈에 들어오지 않았다. 안데르센은 자주 화를 냈으며 대부분의 생활을 지루해했다.

여행에서 돌아왔을 때 코펜하겐에는 전쟁의 먹구름이 몰려오고 있었다. 안데르센은 샤르프와 파티에서 만나곤 했지만 샤르프와의 관계도 빛바래가고 있었다. 안데르센은 샤르프의 열정이 끝난 것을 알았다. 샤르프의 사랑은 매혹적인 다른 이에게로 옮겨가 버린 것이다. 그러나 안데르센은 화가 나지 않았다. 젊은 날과 달리 그는 쉽게 체념했다.

헨리크 스탐페의 배신, 루드비 밀러를 향한 열정, 또 일기에 적을 수 없을 정도로 비밀스러웠던 남성들과의 연정이 가져다 준 고통스러운 기억은 그로 하여금 빠르게 체념하도록 했다. 그리고 그렇게 체념하는 순간 안데르센은 자신이 노인이 되었다는 사실을 느꼈다. 그해 9월부터 11월까지의 일기에는 노년의 탄식이 자주 드러난다. '외로움을 견딜 수 없고 삶이 지겹다', '나이가 든 느낌이다', '이제 내리막길에 들어섰다.' 그의 기분은 점점 추락해갔다.

안데르센은 12월에 에크하르트의 집에서 샤르프를 보았다. 그리고 거기에 있던 페테르센 무용수에게 주목했다. 안데르센은 샤르프 또한 이제 동성애의 격랑에서 벗어나 안정된 이성애 관계 속으로 옮겨가리라는 사실을 받아들여야 했다. 샤르프는 몇 년 후 무용수 페테르센과 약혼을 했고 서른일곱 살이 되던 1874년에 다른 발레리나 엘비다 밀레르와 결혼했다. 안데르센과 샤르프는 계속해서 사교 모임에서 마주쳤고 이따금 서로 만나기도 했다. 안데르센은 세상을 뜰 때까지 거의 매년 샤르프의 생일을 기억했다.

1864년 덴마크와 프러시아 사이에 다시 전쟁이 일어났다. 슐레스비히와 홀슈타인를 둘러싼 해묵은 분쟁이 다시 일어난 것이었는데 홀슈타인을 독립시켜 덴마크에 합병시키려는 조약이 프러시아를 자극했다. 안데르센은 이번에는 독일어를 쓰지 않을 정도로 독일에 대해 강경한 태도를 보였다. 그는 전쟁과 추운 막사에 있는 병사들에 대한 생각으로 우울했다. 전쟁에 대한 생각과 악몽으로 작품에 몰두할 수도 없었다. 국제사회의 동정심을 얻기 위해 스위스 국민에게 보내는 탄원서에 서명을 한 뒤에는 독일인들이 자신을 공격하리라는 악몽에 시달리기도 했다.

전쟁이 끝나고 그의 일생에서 가장 어둡고 우울했던 한 해가 끝남과 동시에 다시 영감이 찾아왔다. 1865년 새해 첫 날 안데르센

은 바스네스 저택에서 〈마을에 도깨비불이 나타났다〉를 시작했다. 이 이야기는 한때 이야기를 많이 알고 있었지만 이야기들이 빠져나가 버려 자연스레 자신을 찾아오던 이야기들이 이제 더 이상 방문을 두드리지 않는다고 말하는 한 남자의 이야기이다. 이 이야기를 통해서 안데르센은 실체가 존재하지 않는 예술을 도깨비불에 빗대어 표현하고 있는데 역설적으로 그 예술이 위력이 있음을 보여 주고 있다.

이 이야기를 쓰고 나서야 안데르센은 다시 활력을 찾았다. 여전히 그에게는 여행을 통한 새로운 경험과 사랑, 우정, 그리고 자신만의 고유한 문학을 만들어 나가려는 열정이 남아 있었다. 1865년이 저물어갈 때 그는 또 한 번의 외국 여행을 계획하고 있었다. 그의 나이는 61세를 바라보고 있었다.

그래도 이야기는 계속된다

안데르센은 평생을 독신으로 가정을 꾸리지 않고 살았다. 열네 살의 나이로 집을 떠난 후 그에게는 후원자였던 콜린의 집이 가정의 대체물이었다. 콜린의 가족과는 오랜 시간을 가족같이 지내왔지만 안데르센과 콜린 가족 사이에는 보이지 않는 벽이 있었다. 그들은 큰 고통과 슬픔을 안데르센과 함께 나누지 않았다. 또한 그의 명성이 국내외로 퍼져갈 때에도 안데르센을 그리 대단하게 여기지 않았다. 그럼에도 안데르센은 콜린 가의 일원이 되기 위해 애를 썼고 그들에게 인정을 받으려고 전전긍긍했다. 안데르센은 자신을 있는 그대로 받아 줄 가족을 원했지만 그들 앞에서는 긴장할 수밖에 없었다.

안데르센이 1860년대 중반에 사귄 친구들은 달랐다. 그들은 안데르센이 안락하고 창조적인 노년기를 보내는데 그지없이 옳은 역할을 했다. 그중 안데르센이 특히 가깝게 지내던 두 사람은 무역상 모리츠 멜키오르와 주식 중개인이던 그의 처남 마틴 헨리크베스였다. 두 사람 모두 유대인이었는데 세련된 문화와 국제적인 감각을 지녔고 여러 나라의 언어를 구사했다. 모리츠는 조용하고 진지한 신사로 1860년대에 전성기를 맞아 정치에는 무관심했지만 시ㅂ를 위한 활동과 자선사업으로 존경을 받고 있었다. 헨리크베스의 여동생인 그의 아내 도로테아는 안데르센보다 무려 스무 살이나 어렸지만 노년기의 안데르센에게 가장 가까운 친구이자 상담자가 되어 주었다.

멜키오르 가족은 두 채의 집을 가지고 있었다. 하나는 도심 한가운데 있는 호화로운 아파트였고 또 하나는 교외에 있는 별장 '롤리게드'였다. 이 별장은 18세기 저택을 사들여 신고전주의 양식으로 다시 지은 것이었다. 안데르센에게 '롤리게드'는 콜린의 집처럼 '나의 소중한 집'이었다. 안데르센은 이곳에서 언제나 무조건적인 환영을 받았다.

멜키오르 가족은 부자임에도 유대인이라는 이유 때문에 코펜하겐 상류사회에서 아웃사이더였다. 그런 점이 안데르센과 멜키오르

가족의 끈끈한 유대를 가져다주었다. 그리고 무엇보다도 멜키오르 가족과 헨리크베스 가족에게는 따뜻함과 솔직담백한 친절이 항상 흐르고 있었다.

안데르센은 이미 편협한 귀족들의 사회에 질려 있었다. 그들은 전쟁 중에 안데르센에게 애국심이 부족하다고 비난하고는 했다. 또 종교적 교리에 대한 시시콜콜한 입장 차이로 상대방을 몰아세우기도 했다.

멜키오르 가족은 이와 달랐다. 그들은 아량이 넓고 마음이 느긋했다. 안데르센은 콜린 가족한테서 경험하지 못했던 진정한 가정을 느꼈다. 부드럽고 침착한 도로테아와 쉽게 흥분하고 열광적인 헨리크베스의 부인 테레세에게 안데르센은 쉽게 자신의 마음을 털어 놓을 수 있었다.

멜키오르 가족은 안데르센에게 세심한 배려를 보였다. 1866년 1월 안데르센이 포르투갈로 떠나기 전 모리츠 멜키오르는 털장화한 켤레를 들고 나타났다. 도로테아의 배려로 준비된 것이었다. 그리고 안데르센이 예순한 번째 생일에 파리에 도착했을 때 도로테아는 호텔로 축하 꽃다발을 보내 주기도 했다. 1866년 9월 안데르센이 코펜하겐으로 돌아왔을 때는 온 가족이 역으로 마중 나와 그를 곧장 롤리게드로 데려갔다. 안데르센은 현관문 위에 꽃으로 엮어 만든 '환영'이라고 쓰인 화관이 걸려 있는 광경을 볼 수 있었다.

여행 중에 안데르센은 노년임에도 새롭게 성에 눈떴다. 어느 날 요르게 오닐이 아무렇지도 않게 여자와 자고 싶다고 말하면서 안데르센에게 리스본의 사창가를 찾아갈 수 있게 도와주겠다고 말했던 것이다. 안데르센은 물론 거절했다. 그러나 그 생각은 여러 날 계속해서 그의 머릿속을 맴돌았다. 파리에 머물게 된 안데르센은 8월 30일 저녁 혼자 남게 되자마다 매음굴로 갔다. 그는 주인 여자에게 5프랑을 지불했다. 여자는 그에게 네 아가씨 중에서 한 명을 고르라고 했고 안데르센은 가장 어린 열여덟 살의 아가씨를 선택했다. 그는 아가씨가 옷을 벗는 것을 지켜보았다. 그리고는 가만히 바라본 채 이야기만 몇 마디 나누었다. 안데르센의 나이 61세였다. 그러나 옷 벗은 여인과 이야기를 나눈 것, 이것이 안데르센이 지금껏 여성과 나눈 성적인 행동 중 가장 적극적인 것이었다. 그는 이 일에 흥미를 느꼈다. 그는 한편으로는 성적인 경험이 부족한 자신에 대해 열등감을 느꼈고 그런 자신을 예술적 성취감으로 위로하고자 했다.

안데르센은 오랫동안 파리를 죄악의 도시로 여겨왔다. 그랬던 파리가 갑자기 안데르센을 끌어당기며 성적 욕망을 탐색하도록 부추겼다. 안데르센은 열정적인 이야기 〈나무 요정〉을 쓰기 시작했다. 그리고 이 이야기를 쓰는 스무 달 동안 파리를 세 번 방문했고 갈 때마다 매음굴을 찾았다.

1866년 10월 안데르센은 릴레 콩겐스가데 1번지로 숙소를 옮겼다. 환하고 아늑한 방이었으나 안데르센은 오래 머무를 수가 없었다. 곧 죽음이 다가올 것만 같았다. 그러기 전에 드넓은 세상을 더 돌아다녀야만 했다. 안데르센은 서둘러 파리로 떠났다.

파리에서 가장 좋아했던 친구 로버트 와트를 만났다. 그는 안데르센에게 관능적인 이야기를 많이 들려주었다. 검은 곱슬머리와 이글거리는 두 눈을 갖고 있는 그는 바이런을 떠올리게 했다. 기질적으로 안데르센과 정반대였던 그는 단순하고 외향적이며 자신감이 강했고 성적 매력도 넘쳤다. 안데르센은 그의 모습에서 젊은 날의 자신을 보았다.

안데르센은 1860년대와 1870년대를 와트를 비롯해서 무대감독 윌리엄 블로크, 작가 니콜라이 뵈그, 평론가 게오르그 브란데스 등의 재능 있고 젊은 청년들에게 둘러싸여 보냈다. 이들의 젊은 눈을 통해 변화하는 세상을 바라봄으로써 안데르센은 현대적인 것에 가까워지려고 했다. 이들이 위대한 작가에게 표시하는 존경심은 안데르센을 흐뭇하게 했으며 자유롭게 사고하는 이들의 진보주의는 안데르센에게 영감을 주었다.

안데르센은 파리와 코펜하겐을 오가는 이중적인 생활을 즐겼다. 파리에서는 매음굴을 드나들며 관능적 분위기의 작품을 썼고 코펜하겐에서는 최고의 존경받는 인물로 안정적인 가정의 보살핌을 받았다.

1867년 봄, 안데르센은 국왕의 명으로 명예참사관이 되었다. 그리고 12월에 오덴세로부터 명예시민 상을 받았다. 그의 고향 오덴세는 안데르센의 영광을 노래하기 위해 축제의 불을 밝혔다. 학교가 문을 닫았고 시청에는 월계관과 갖가지 꽃들, 그리고 덴마크의 국기로 장식된 안데르센의 흉상이 마련되어 있었다. 어린아이들이 춤을 추었고 횃불 행진도 있었다.

안데르센은 이날 오랫동안 그를 괴롭혀왔던 치통으로 심한 고통을 겪었다. 콜린 가족이 축하 인사를 보내오지 않은 것도 마음에 걸렸다. 그러나 다음 날 내내 신분의 고하를 막론하여 많은 이들의 방문을 받고 수많은 군중의 배웅을 뒤로 한 채 오덴세를 떠날 때 안데르센은 너무나 기쁜 나머지 꿈을 꾸고 있는 듯했다.

1866년 여름 내내 안데르센은 〈나무 요정〉에 매달려 이를 완성했다. 〈나무 요정〉은 타락한 도시에서의 하룻밤 쾌락을 위해 영혼을 팔아버리는 나무 요정에 관한 이야기이다. 인어 공주처럼 나무 요정에게 있어 육체적 사랑의 대가는 사라짐이었다. 안데르센은 나무 요정과 자신을 동일시했다고 볼 수 있다. 채울 수 없는 성적 욕구를 품은 데 대해 무의식적으로 자신을 벌했던 것이다.

〈나무 요정〉은 초판 3천 부가 나오자마자 다 팔렸다. 그리고 열흘 후에는 재판이 발행되었다. 이 작품에 대해 열렬한 찬사를 보냈던 사람들 중 미국인 호레이스 스커드와 덴마크 평론가 게오르그 브란데스 두 사람은 말년의 안데르센을 세계적인 현대작가로 소개하는데 지대한 역할을 하게 된다.

안데르센이 써 오던 회고록의 증보판 《내 인생의 동화》가 허드 앤드 퓨톤 출판사에서 나왔고 《문학작품집》이 1870년과 1871년 사이에 뉴욕에서 열 권짜리로 출간되었다. 1869년 7월에는 브란데스가 안데르센에 대한 진지한 연구의 시작이라고 할 수 있는 일련의 글을 잡지 《삽화로 보는 뉴스》에 쓰기 시작했다.

브란데스는 누구보다도 깊이 안데르센 작품의 의의를 통찰해내고 있었다. 그는 자신의 글에서 안데르센의 독창적인 천재성을 칭찬하며 서두를 시작했다. 그리고 안데르센 초기 동화에 깔려 있는 중의적 표현 방식을 모두 파악해냈다. '안데르센이 그려낸 남성은 온전한 남성 같지 않으며 여성 또한 온전한 여성 같지 않다' 라고 지적한 대목은 안데르센도 깜짝 놀랄 정도였다. 안데르센은 자신의 내면에 있는 여성성을 늘 인식하고 있었던 것이다.

1869년은 안데르센이 코펜하겐에 발을 디딘 지 50년이 되는 해였다. 그는 244명의 지인들과 연회를 벌여 축하를 했다. 행사를 끝내고 바스네스로 갔다가 프랑스 남부를 향한 여행길에 올랐으나 외국에 도착하자마자 후회를 하기 시작했다. 그는 류머티즘으로 고생을 했고 추운 날씨 탓에 혼자 여행하기가 어려웠다. 안데르센은 이제 허약한 노인이 된 것이다.

1870년에 충격적으로 들려온 디킨스의 사망 소식 이후, 안데르센은 늘 죽음에 대해 생각했다. 어린 시절부터 그는 죽음에 대한 강박관념이 있었다. 죽음을 원한다는 말이 일기에 자주 등장했고 그가 썼던 156개의 이야기 중에 육분의 오가 죽음을 내포하고 있었다. 그는 사형선고를 받고 날마다 처형을 기다리는 사람처럼 죽음에 대해 두려워했고 그러면서도 그 마지막을 보고 싶어 했다.

안데르센은 토르덴스크욜가데로 다시 이사를 갔으나 그곳은 비싸기만 할 뿐 마음에 들지 않는 곳이었다. 안데르센은 이제 저축액이 상당했는데도 어린 시절 몸에 밴 생활 태도 때문에 여전히 돈 걱정을 했다. 그러나 1871년 봄, 그의 기분은 암흑 같았다. 그는 자신이 미치지 않을까 하는 극도의 공포감에 자주 시달렸다. 4월에 그는 악몽이 되어 버린 하숙집을 나와 콩겐스 뉘토우 광장이 내려다보이는 호텔 당글렐테레에 자리를 잡았다. 그리고 6월에는 바스네스에서, 나머지 여름은 롤리게드와 페테르쇠에서 보냈다.

안데르센은 롤리게드에서 동화를 낭독하거나 종이 오리기를 하면서 지냈다. 그가 동화를 낭독할 때면 주머니에서 종이 쪽지를 꺼내고 등잔을 가까이 당겼다. 그리고는 이야기에 대해 몇 마디 설명을 하고는 주변의 주의를 집중시키기 위한 듯 부드럽고 작은 목소리로 읽기 시작했다. 그러다 조금씩 조금씩 감정이 듬뿍 담긴 목소리가 노래하듯이 가락을 타고 방안을 꽉 채울 만큼 높아졌다. 그가 이야기를 읽어 나가는 동안, 이야기는 그 자체로 모습을 드러냈다. 사람들은 옆에 있는 사람을 잊어버린 채 안데르센이 이야기해 주는 기쁨과 슬픔, 고통 속에 들어간 것처럼 보였다.

그는 다정한 모습으로 하인들에게 친절하게 대했다. 그러나 때로는 사소한 일에도 호들갑을 떨었고 어리광 섞인 태도를 보였다. 만찬 식탁에서 게걸스럽게 먹기도 했고 손가락에 가시가 박혔다고 하루 종일 비명을 질러대기도 했다. 그리고 무엇보다도 세상 사람들이 자신을 칭찬하고 나라 밖에서 그와 그의 작품을 인정한다는 이야기를 들을 때만 기뻐했다. 그는 어떤 면에서는 철저히 자기중심적이며 천진난만하게 뽐내는 어린아이 같았다.

그러나 안데르센의 창작 열정은 식지 않았다. 그는 1872년 〈치통 아줌마〉와 〈늙은 요한나의 이야기〉를 비롯한 몇 편의 이야기를 완성했다. 새로운 동화집은 1872년 11월에 출판되어 초판 5천 부가 순식간에 팔렸다. 이 두 편의 이야기는 우울하고 회의적인 인생을 되돌아보는 한 인간의 작품이라 할 수 있다. 그 무렵 완성한 증보판 자서전이 안데르센 자신의 인생을 동화적으로 미화시키고 있는 것과는 대조적으로 이 두 편의 이야기는 가장 가혹하게 자신의 자화상을 그려내고 있다.

〈늙은 요한나의 이야기〉에는 뛰어난 재능이 있지만 심약해서 청혼할 용기를 못 내는 안데르센을 닮은 청년이 주인공이다. 그리고 〈치통 아줌마〉는 노년에 누구나 겪기 마련인 치통과 불면증을 환영으로 표현해 현대적인 것으로 만들어낸 이야기이다. 여기에서 치통은 예술적 고뇌와 동일시된다. 이야기의 결말은 예술이 식료품점의 포장지처럼 덧없고 의미 없는 것일지 모른다는 두려움을 나타내고 있다. 이 이야기의 자기 분석적이고 자의식이 강한 구성은 20세기 소설의 등장을 예고하는 것이다.

이 동화들은 1872년 11월에 나와서 대단한 호응을 받았다. 그러나 이 동화집은 그의 마지막 작품이 되고 말았다. 책이 나온 얼마 후 안데르센은 심하게 앓았다. 변비와 설사가 번갈아 계속되었는데 간암 초기였다.

이제 안데르센은 아무것도 할 수 없었다. 1873년 봄 스위스의 글리온에 치료를 받기 위해 여행을 다녀온 이래로 안데르센은 주로 뉘하운 자신의 집에서 누워 있었다. 안데르센에게 가장 고통스러운 일은 예술적 영감이 메말라 버렸다는 사실이었다. 글을 쓸 수

없게 된 안데르센은 종이 오리기에 몰두했다. 정교한 드레스를 입은 가냘픈 어린 숙녀들, 아름답고 무성한 나뭇잎, 우아하고 환상적인 모양의 물체들이 안데르센의 손에서 튀어나오는 듯했다. 1874년 봄에는 사진으로 대형 병풍을 꾸미는데 열중하기도 했다. 그러는 중에도 안데르센은 점점 더 쇠약해졌고 병세가 심해졌다.

1875년 안데르센은 그의 마지막 생일을 성대하게 보냈다. 덴마크 왕은 안데르센을 아말린보르 궁으로 불러들여 단네브로 훈장을 하사했다. 정오에서 오후 3시까지는 황태자와 다른 왕실 가족, 오덴세 시장 등이 안데르센을 방문했다. 그리고 멜키오르의 집에서 연회를 가졌는데 이 연회에서는 멜키오르 딸의 제안으로 안데르센의 동화를 따서 요리와 포도주에 이름을 붙인 열두 가지 코스의 메뉴가 나오기도 했다. 생일 행사의 마지막은 왕립극장에서 공연되는 안데르센의 연극 두 편이었다. 유럽 각지에서 찬사와 갈채, 그리고 선물이 날아들었다. 안데르센의 작품 〈한 어머니 이야기〉를 15개국 언어로 번역한 책이 있었고 카를 알렉산더 대왕이 보낸 사령관 훈장도 있었다.

1875년 8월 4일 안데르센은 그가 자신의 집처럼 평화와 안락함을 느끼던 롤리게드에서 멜키오르 부인의 보살핌 아래 편안히 눈을 감았다.

그의 장례식에는 국왕과 황태자를 포함한 수백 명의 조문객이 있었으나 그의 혈연은 단 한 사람도 없었다. 안데르센은 코펜하겐 아시스텐스 공동묘지에 묻혔다.

에드바르는 1886년에, 그의 아내 헨리에테는 1894년에 눈을 감았고 두 사람 모두 안데르센과 함께 묻혔다. 그러나 몇 년 후 에드바르와 헨리에테 두 사람은 콜린 가족 묘역으로 이장되었고 안데르센 홀로 처음 묻힌 그곳에 남았다.

작가의 말

    지금까지 세계적으로 가장 많은 어린이들에게 사랑받아 온 동화 작가를 손꼽는다면 단연코 안데르센이라고 말할 수 있다. 안데르센의 동화를 좋아하는 사람은 어린이만이 아닐 것이다. 〈인어 공주〉, 〈미운오리 새끼〉, 〈벌거벗은 임금님〉, 〈성냥팔이 소녀〉, 〈나이팅게일〉, 〈엄지공주〉, 〈전나무〉 등의 동화는 어른이 되고 난 후에도 쉽게 잊히지 않는 명작들이다. 그의 동화에는 동물, 식물, 그리고 나무토막 같은 하찮은 사물들이 많이 등장한다. 그리고 이들 하찮은 존재들은 독자들에게 매혹적인 목소리로 가난, 허영, 아름다움, 불멸의 사랑, 고독, 자기 정체성 등의 문제에 대해 생각하게 한다. 도대체 어느 작가가 동화 안에서 이처럼 폭넓은 주제를 다양하게 다룰 수 있을까?

    안데르센의 고향 오덴세에는 그의 문학적 업적을 기리기 위해 박물관이 세워져 있다. 코펜하겐의 랑겔리니 공원 끄트머리에는

《인어 공주》를 기념하는 동상이 있어 해마다 많은 관광객들이 몰려든다고 한다. 가난한 구두 수선공의 아들로 태어나 재단사가 될 뻔했던 유년 시절과 돈이 없어 길이가 짧아진 낡은 옷을 입고 끼니도 거른 채 코펜하겐의 거리를 배회했던 그의 십대를 생각하면 참으로 기념비적인 성공이라고 할 수 있다.

그러나 이 책에서 평전의 형식으로 안데르센의 일생을 좇아가 보고자 하는 것은 단지 한 작가의 성공만이 아니다. 왜냐하면 안데르센이 자신의 인생을 통해 우리에게 보여 주고 있는 것은 가혹한 시련 속에서 어떻게 자신의 재능을 꽃피워내고 어떻게 자신의 인생을 창조해내는가 하는 점이기 때문이다.

'내 인생은 멋진 이야기다. 행복하고 온갖 신나는 일로 가득하다.'

안데르센은 1871년에 출간된 자서전 첫머리에서 이렇게 말했다. 그러나 실제 그의 성장 과정은 온갖 힘겨운 일로 가득했다.

우선 그는 오덴세의 구두 수선공의 아들로 가난하고 비천한 출신이었다. 가난은 안데르센이 작가로서 인정을 받은 뒤에도 한동안 그의 생계를 압박했고 비천한 출신 배경은 덴마크 문단에서 오랫동안 냉대를 받는 원인이 되었다.

또 그는 여성에게 사랑을 받은 적이 한 번도 없었다. 처음 사랑을 느꼈던 리보르도 그가 예술적으로 깊이 감화를 받고 흠모했던 예니 린드도 그의 사랑을 거절했다. 말하자면 그는 늘 사랑의 패배자였다. 심지어는 그가 동성애적 경향을 보였던 에드바르나 스탐폐, 샤르프에게조차 결국에는 버림받았다.

작가로서의 성공 또한 순탄치 않았다. 그가 처음 쓴 희곡 원고는 극장에서 퇴짜를 맞았고 자비로 출판한 책은 팔리지 않았으며, 처음 동화를 출판했을 때 덴마크 문단은 그를 향해 야유와 조롱을 보냈다. 안데르센의 문학은 오랫동안 세상 사람들로부터 이해받지 못했다.

이 모든 인생의 불우한 조건 속에서도 그에게 멈추지 않는 열정이 있었으니, 그것은 바로 문학과 예술에 대한 사랑이었다. 그가 날 때부터 가지고 태어난 가난, 어린 나이에 스스로 선택한 코펜하겐에서의 힘겨운 삶, 주변의 비웃음, 사랑의 좌절, 문단의 편견, 평생에 걸친 독신 생활의 고독 등을 이겨낼 수 있었던 힘은 바로 문학과 예술에 대한 뜨거운 사랑과 열정에 있었던 것이다.

안데르센은 인생에서 쓰라린 일을 경험할 때마다 여행을 떠났다. 여행은 안데르센에게 자연에 대한 새로운 발견이자 자신에 대한 재발견이었다. 여행을 통해서 안데르센은 치유되었고 재충전되었다. 그가 인생에서 겪었던 쓰라린 경험은 이러한 과정을 통해 동화의 비옥한 토양이 되었다.

십 대의 안데르센을 떠올려 본다. 이틀이나 걸려 마차와 배를 갈아타고 나서야 도착할 수 있는 코펜하겐을 향해 홀로 출발했던 열네 살의 안데르센, 극장에서 쫓겨난 뒤 돈 한 푼 없이 거리를 방황하면서 죽고 싶다는 생각에 사로잡혔던 안데르센, 못생긴 외모와 외로움으로 끊임없이 괴로워했던 안데르센. 그에 비하면 오늘날 청소년들은 너무나 안정적인 현실의 궤도 위에 놓여 있는 것은 아닌가 하는 생각이 든다.

누구나 열네 살에 집을 떠나야 하는 것은 아니다. 또 누구나 배우나 작가의 꿈을 가져야 할 까닭도 없다. 그러나 자신의 열정으로 하고 싶은 일을 하는 것, 혼신의 힘을 기울여 그 일에 몰입하는 모습은 아름답다. 게다가 그 과정에서 자신의 내면과 끊임없이 갈등하고 싸워나가는 고독한 모습은 우리에게 인간 영혼의 위대함, 아름다움을 느끼게 해 준다.

영원한 어린이의 친구 안데르센, 그의 인생이 멋진 이야기가 되었던 것은 안데르센 스스로 자신의 인생을 만들어 나갔기 때문이 아닐까?

안데르센 연보

1805년 ▶ 4월 2일 덴마크의 오덴세에서 출생함. 구두 수선공인 아버지
와 세탁부인 어머니의 외동으로 자람.

1816년 ▶ 아버지 사망함.

1818년 ▶ 어머니가 재혼함.

1819년 ▶ 배우가 되겠다는 일념 하나로 무일푼으로 코펜하겐으로 감.
궁핍한 가운데 꿈을 키워나가는 힘겨운 날들이 이어짐.

1822년 ▶ 당시 왕립극장 감독이던 요나스 콜린과 만남. 슬라겔세 문법
학교에 입학함.

1826년 ▶ 헬싱괴르 문법학교로 전학 감. 덴마크의 대시인 욀렌슐레게
르와 만남.

1828년 ▶ 코펜하겐 대학에 입학함.

1829년 ▶ 〈홀름 운하에서 아마크 동쪽 끝까지 가는 도보여행기〉 발표
함. 재능을 인정받아 작가로서의 발판을 마련함.

1831년 ▶ 최초의 해외여행. 2주 동안 북독일을 여행함.

1833년 ▶ 국왕의 후원금으로 독일과 프랑스를 거쳐 이탈리아로 여행함. 스위스를 거쳐 다음 해에 돌아옴. 이탈리아에 머물 때 어머니의 부고를 받음.

1835년 ▶ 소설 〈즉흥시인〉과 최초의 동화집 〈어린이들에게 들려주는 놀라운 이야기들〉을 발표함. 이후 거의 해마다 크리스마스에 맞추어 동화집 발표함.

1837년 ▶ 동화 〈인어 공주〉 발표. 처음으로 스웨덴을 여행함. 귀국 후 소설 〈어느 바이올리니스트〉 발표함.

1839년 ▶ 희곡 〈뮬라토〉 발표함.

1840년 ▶ 두 번째 이탈리아 여행. 콘스탄티노플과 흑해까지 여행함.

1841년 ▶ 여행에서 돌아온 직후 〈어느 시인의 시장〉 발표함.

1843년 ▶ 독일과 프랑스를 여행하고 유틀란트를 여행함.

1845년 ▶ 동화 〈성냥팔이 소녀〉 발표함.

1846년 ▶ 세 번째 이탈리아 여행. 여행 중에 자서전 〈내 인생 이야기〉를 출간함.

1847년 ▶ 네덜란드를 거쳐서 영국으로 가, 스코틀랜드를 여행함.

1849년 ▶ 스웨덴을 여행함.

1850년 ▶ 문학과 인생의 대선배이자 작품의 충실한 조언자였던 욀렌슐레게르가 죽음.

1851년 ▶ 교수 칭호를 받음.

1854년 ▶ 오스트리아와 이탈리아로 여행 감.

1855년 ▶ 두 번째 자서전 출간함. 독일과 스위스로 여행 감.

1857년 ▶ 영국으로 여행 감.

1858년 ▶ 일생을 함께 한 친구였던 헨리에테 볼프의 죽음으로 충격과
슬픔에 싸임.

1859년 ▶ 유틀란트를 여행하고 〈모래 언덕에서 전하는 이야기〉 발표함.

1860년 ▶ 독일, 스위스로 여행함.

1861년 ▶ 이탈리아로 여행함. 평생 후원자이며 아버지 같은 존재였던
요나스 콜린이 죽음.

1862년 ▶ 프랑스와 이탈리아를 거쳐 스페인으로 여행 감.

1865년 ▶ 스웨덴으로 여행 감.

1866년 ▶ 네덜란드와 프랑스를 거쳐서 포르투갈로 여행 감.

1867년 ▶ 고향 오덴세의 명예시민으로 추대됨.

1869년 ▶ 세 번째 자서전 출간함.

1875년 ▶ 8월 4일 친구인 멜키오르 부인의 별장에서 병으로 죽음.

영원한 어린이의 친구 안데르센

ⓒ 박형숙, 2009

초판 1쇄 인쇄일 | 2009년 10월 7일
초판 1쇄 발행일 | 2009년 10월 12일

지은이 | 박형숙
펴낸이 | 강병철
편집장 | 정은영
펴낸곳 | 이룸
그 림 | 이기훈
편 집 | 최민석
디자인 | 전의숙
제 작 | 시명국 · 김상윤
영 업 | 조광진 · 김영웅 · 곽문석 · 박대성

출판등록 | 1997년 10월 30일 제10-1502호
주소 | 121-840 서울시 마포구 서교동 395-172 상록빌딩 2층
전화 | 편집부 (02)324-2347, 영업부 (02)322-9674
팩스 | 편집부 (02)324-2348
e-mail | erum9@hanmail.net
Home Page | www.jamo21.net
            www.jamomall.com

ISBN 978-89-5707-466-6 (44990)
     978-89-5707-093-2 (set)